Ansatzschnaps, Selbstgebrannter, Likör & Wein

Gertrude Kreipel

EINFACH
SELBST GEMACHT

Ansatzschnaps, Selbstgebrannter, Likör & Wein

DÖRFLER · VERLAG

Alle in diesem Buch enthaltenen Angaben, Vorschläge, Rezepte etc. wurden von der Autorin nach bestem Wissen erstellt und von ihr und dem Verlag mit größtmöglicher Sorgfalt überprüft. Gleichwohl sind inhaltliche Fehler nicht vollständig auszuschließen.
Daher erfolgen die Angaben etc. ohne jegliche Verpflichtung oder Garantie des Verlags oder der Autorin. Eine Haftung der Autorin und des Verlags für Personen-, Sach- und Vermögensschäden ist ausgeschlossen.

Originaltitel: Ansatzschnäpse, Selbstgebranntes, Liköre und Weinzubereitung

Genehmigte Sonderausgabe für
DÖRFLER VERLAG GmbH, Eggolsheim

Im Internet finden Sie unser Verlagsprogramm unter:
www.doerfler-verlag.de

Inhalt

Vorwort

Sehr geehrte Leserinnen und Leser,

nach langen Überlegungen habe ich mich entschlossen, ein Buch zur Bereitung von Likören, Säften, Weinen und Sirupen aus Früchten zu schreiben.
Da der Verbrauchertrend immer mehr zu naturverbundener Küche geht, habe ich alle Rezepte, so wie es schon meine Großmutter gemacht hat, ohne chemische Zusätze zubereitet.
Entdecken Sie die Möglichkeit, Obst in Brand zu verarbeiten, wenn Sie härtere Getränke bevorzugen. Auch zuckerlose Ansätze für Diabetiker, die trotzdem köstlich schmecken, finden Sie in diesem Buch.
Zu jeder Obstsorte gibt es verschiedene Rezepte.
Die Zubereitung ist meist einfach und gelingt auch ungeübten Hobbyerzeugern.
Bitte achten Sie auf die notwendige Reinlichkeit aller verwendeten Gegenstände, genauso wie auf die Frische der zu verarbeitenden Früchte. Nur dann wird Sie ein ausgezeichnetes Ergebnis belohnen!

Ihre Gertrude Kreipel

1. Kapitel

Liköre & Ansatzbrände

Korianderlikör

Zutaten:
1 l Ansatzkorn
(80 Vol.-% Alkohol)
10 g Gewürznelken
15 g Koriander
20 Stück getrocknete Weichseln oder Kirschen
0,5 l Wasser
125 g Zucker

Alle Zutaten in ein großes Gurkenglas geben, mit dem Ansatzkorn (80 Vol.-%) übergießen und luftdicht verschließen. Die Mixtur wird für 6 bis 8 Wochen an ein sonniges Fenster gestellt. Das Glas einmal täglich gut aufschütteln. Nach der Stehzeit bereiten Sie aus 0,5 l Wasser und 125 g Zucker einen zähflüssigen Sirup. Mischen Sie den erkalteten Sirup mit dem gefilterten Alkohol. Nochmals durch ein feuchtes Leinentuch oder einen Kaffeefilter laufen lassen und in Flaschen abfüllen.

TIPP! Der nun fertige Likör sollte vor Gebrauch noch mindestens 3 Monate lagern, ehe Sie ihn verkosten.

Zimt-Nuss-Likör

Zutaten:
750 g grüne Nüsse
15 g Zimt, gemahlen
1 Messerspitze Gewürznelken, gemahlen
0,3 l Wasser
250 g Zucker
1,5 l Weingeist
(96 Vol.-%)

Die grünen Nüsse waschen und in kleine Stücke schneiden. In eine große, weithalsige Flasche füllen und mit dem Weingeist (96 Vol.-%) übergießen. Luftdicht verkorken und für 14 Tage an die Sonne stellen. Nach dieser Zeit die Nüsse entfernen, Zimt und Nelken beimengen und nochmals 2 Wochen stehen lassen. Den Zucker mit dem Wasser aufkochen und nach dem Erkalten mit dem gefilterten Alkohol mischen. Nochmals 2 Tage rasten lassen, dann durch ein Leinentuch filtern, in Flaschen abfüllen und wieder luftdicht verschließen.

Hagebuttenlikör

Die vollreifen, harten Früchte nach dem ersten Frost pflücken. In einem Sieb waschen, damit alle Unreinheiten beseitigt sind, und gut abtropfen lassen. Die so vorbereiteten Hagebutten in ein gut verschließbares Gurkenglas geben und mit Korn (38 Vol.-%) übergießen Dieser Ansatz wird für 2 Monate an einen hellen Platz gestellt. Nach dieser Zeit abgießen und filtern. Der fertige Likör sollte nach dem Abfüllen in Flaschen noch 3 Monate reifen. Durch den hohen Fruchtzuckergehalt ist dieser Likör leicht süßlich.

TIPP! Verwenden Sie 250 g Früchte für 1 l Korn (38 Vol.-%)!

Holunderschnaps

Zutaten:
150 g Holunderbeeren
100 g Zucker
1 Zimtstange
0,3 l Obstler
(38 Vol.-%)

Die Holunderbeeren waschen, putzen und trocknen lassen. Danach die getrockneten Beeren mit Zimt und Zucker in eine dunkle Glasflasche geben, den Alkohol darüber gießen, gut verschließen und 3 Monate ruhen lassen. Nach dieser Zeit durch ein feuchtes Leinentuch filtern und in eine Flasche abfüllen.

Auch aus den Blättern mancher Bäume lassen sich wunderbare Liköre erzeugen. So stelle ich Ihnen mit dem nächsten Rezept eine Spezialität vor, die in der Zubereitung sehr einfach ist, aber bestimmt all Ihren Gästen munden wird!

Buchenlikör

Bitte nehmen Sie zur Bereitung dieses Likörs 3 Hand voll junge, noch behaarte Buchenblätter. Geben Sie die Blätter in ein großes Gurkenglas, das sich gut verschließen lässt. Die Blätter mit 0,5 l Korn (38 Vol.-%) übergießen und 1 Monat an einen warmen, jedoch nicht sonnigen Ort stellen. 300 g Zucker mit 0,5 l Wasser aufkochen und noch lauwarm mit dem Ansatz mischen. Das Ganze gut durchschütteln und mit 125 ml Weinbrand abrunden. An einem dunklen, jedoch nicht zu warmen Ort noch 3 Monate nachreifen lassen und nach dem Abfiltern in Flaschen abfüllen.

TIPP! Verwenden Sie die Blätter einer Rotbuche, diese ergeben den besten Likör!

Nicht nur die Buche eignet sich zur Likörbereitung. Die Natur schenkt uns noch einige Spezialitäten. Zum Beispiel:

Lärchengeist

Nach dem Nadelaustrieb (die Lärche ist der einzige heimische Nadelbaum, der im Herbst seine Nadeln abwirft) bildet die Lärche rote Zäpfchen. Diese Zäpfchen werden gesammelt und mit Korn (38 Vol.-%) angesetzt. Für eine gute Mischung nehme ich selbst 1 Hand voll Zäpfchen auf 1 l Korn (38 Vol.-%). Nun sollte Ihr Ansatzgefäß 2 Monate an einem sonnigen Platz stehen. Nach dieser Zeit filtrieren und verkosten, ob man vielleicht noch etwas Zucker beifügen will.

TIPP! Je länger dieser Geist in der Flasche bleibt, umso besser wird sein Aroma!

Bei Wanderungen im Hochgebirge findet man die Zirbe. Aus ihren Zapfen bereiten Sie den Zirbengeist.

Zirbengeist

Mindestens 12 Zirbenzapfen, die noch violett sein sollen, werden gut von Schmutz und Nadeln gesäubert. In gereinigtem Zustand klein schneiden, in ein großes Gurkenglas legen und mit ca. 1 cm Zucker bestreuen. Das Glas gut schließen und 3 Tage ruhen lassen. Danach werden die Zapfen 2 Finger hoch mit Korn (38 Vol.-%) bedeckt. Der Geschmack dieses Ansatzes ist von der Reifung der Zapfen abhängig. Je reifer sie sind, desto schärfer und bitterer ist der Ansatz. Nun für 4 bis 6 Wochen an einem sonnigen und warmen Platz stehen lassen. Nach dieser Zeit filtern Sie durch ein feuchtes Leinentuch und verkosten den Ansatz. Wenn der Geschmack zu intensiv ist, können Sie mit etwas Korn (38 Vol.-%) verdünnen.

Brombeeren in Obstler

Zutaten:
300 g frische Brombeeren
100 g Zucker
1 l Obstler (38 Vol.-%)

Die gewaschenen, getrockneten Brombeeren mit Zucker mischen und einige Stunden stehen lassen, bis sich der Zucker aufgelöst hat. Dabei öfter vorsichtig aufrühren. In ein Gurkenglas füllen, mit dem Obstler (38 Vol.-%) aufgießen und luftdicht verschließen. Kühl und dunkel aufbewahrt, hält dieser Aufgesetzte mindestens 4 Monate.

TIPP! Wenn Sie vollreife Brombeeren verarbeiten, müssen Sie nicht unbedingt Zucker zugeben. Die eigene Fruchtzuckermenge in den Früchten reicht meist aus!

Brombeeren wirken blutreinigend und haben einen hohen Vitamin-C-Gehalt. Darum gleich noch einige Rezepte:

Brombeeransatz

Da dieser Ansatz ohne Zucker erfolgt, ist er mit einem Obstbrand gleichzusetzen.
Für diesen Ansatz nehmen Sie bitte 1 kg reife Brombeeren und 2 l Ansatzkorn (80 Vol.-%). Alles in ein Gurkenglas füllen und luftdicht verschließen. Das Glas für 10 Wochen an einen warmen Platz stellen und ziehen lassen. Einmal wöchentlich gut durchschütteln. Nach Ablauf von 10 Wochen durch ein feuchtes Leinentuch filtern und in Flaschen abfüllen.

Brombeerlikör

Zutaten:
1200 g frische Brombeeren
600 g Zucker
2 l Obstler (38 Vol.-%)

Die gerebelten und gut gewaschenen Früchte werden durch ein feuchtes Leinentuch gepresst oder entsaftet. Den Zucker beimengen und so lange rühren, bis der Zucker zergangen ist. Dann den Obstler (38 Vol.-%) zugießen und 1 Monat luftdicht verschlossen lassen. Während dieser Zeit öfter kräftig aufschütteln. Nach dieser Ruhezeit durch einen Kaffeefilter laufen lassen und in Flaschen abfüllen.

TIPP! Sollte Ihnen dieser Likör zu scharf sein, kochen Sie 0,5 l Wasser mit etwas Zucker auf und mischen dann das erkaltete Zuckerwasser unter den fertigen Likör.

Brombeeren in der Medizin verwendet wirken blutzuckersenkend und harntreibend, daher gleich noch ein feines Rezept.

Brombeermedizin

Zutaten:
1200 g frische Brombeeren
0,5 l Weingeist (96 Vol.-%)
0,5 l Obstler (38 Vol.-%)
0,5 l Wasser
750 g Zucker

Füllen Sie die gut gereinigten und zerdrückten Brombeeren in eine große, weithalsige Flasche oder in ein Gurkenglas. Nun gießen Sie mit dem Weingeist (96 Vol.-%) auf und stellen den Mix für die nächsten 6 Wochen an einen dunklen und kühlen Ort, damit der Weingeist (96 Vol.-%) die Beeren auslaugen kann. Zu Beginn der 3. Woche schütten Sie den Obstler (38 Vol.-%) zum Ansatz und rühren kräftig um. Nach den 6 Wochen filtern Sie alles durch ein feuchtes Leinentuch ab. Den so gewonnenen Früchterückstand mit der Wasser- und Zuckermenge nochmals aufkochen lassen und wieder durch ein feuchtes Leinentuch filtern. Nach dem Erkalten die Zuckerlösung mit dem fertigen Likör vermengen, in Flaschen abfüllen.

TIPP! Dieser feine Brombeerlikör ist bei kühler Lagerung mindestens 2 Jahre haltbar!

Liebe Likörerzeuger,
Sie werden sicher schon bemerkt haben, dass alle vorgestellten Liköre oder Ansätze leicht in der Rezeptur und daher einfach zu bereiten sind.
Nach den Brombeeren habe ich Rezepte mit Himbeeren für Sie zusammengestellt.

Großmutters Himbeersaft

Zutaten:
1 kg frische Himbeeren
0,5 l Weingeist (96 Vol.-%)
500 g Zucker
0,3 l Wasser
7 Stück zerstoßene Kirschenkerne
Saft und Schale von einer halben Zitrone

Die Kirschenkerne werden mit Zitronensaft, Zitronenschale und Zucker im Wasser stark wallend aufgekocht und über die Himbeeren geschüttet. Nach einer Stehzeit von 24 Stunden alles zusammen nochmals kräftig aufkochen. Danach gut abkühlen lassen und erst dann den Weingeist (96 Vol.-%) dazugeben. Durch einen Kaffeefilter filtern und in Flaschen abfüllen.

TIPP! Dieses Getränk ist sofort trinkfertig, gewinnt jedoch mit jedem Monat Lagerung an Geschmack!

Himbeeren in Brandy

Zutaten:
1 l Weinbrand
0,5 l Großmutters Himbeersaft (siehe voriges Rezept)
Saft von 2 Orangen
Saft von 2 Zitronen

Geben Sie alle Zutaten in eine dunkle und luftdicht verschließbare Flasche, schütteln Sie diese dann kräftig durch. Nach 2 Wochen kann der feine Likör bereits genossen werden.

TIPP! Dieser Likör eignet sich mit Soda aufgespritzt hervorragend als Aperitif und kann als Longdrink Ihr Sommerfest bereichern.

Himbeertrunk

Zutaten:
1 l frisch gepresster Himbeersaft
400 g Zucker
1 ca. 10 cm lange Zimtstange
2 Gewürznelken
2 l Weinbrand

Alle Zutaten werden in einem großen Gurkenglas oder einer weithalsigen Flasche vermischt, luftdicht verschlossen und an einem sonnigen Platz 14 Tage gelagert. Danach filtert man die Flüssigkeit durch ein feuchtes Leinentuch und füllt in Flaschen ab. Der fertige Likör sollte noch 3 Monate gelagert werden.

TIPP! Verstecken Sie die Flaschen mit dem fertigen Likör sehr gut, denn sonst ergeht es Ihnen wie mir. Als ich meinen Gästen ein Gläschen von diesem feinen Likör anbieten wollte, hatte meine Familie schon fast den ganzen Inhalt selbst verkostet.

Himbeerlikör

Zutaten:
1 kg frische Himbeeren
1 l Weingeist
(96 Vol.-%)
240 g Zucker
0,5 l Wasser

Die Himbeeren sorgfältig waschen, abtropfen, leicht zerdrücken und in eine große Flasche geben. Den Weingeist (96 Vol.-%) darüber gießen und gut durchschütteln. Nun sollte die Mischung mindestens 4 Wochen an der Sonne stehen. Verkochen Sie die angegebene Wasser- und Zuckermenge zu einem Sirup. Der Ansatz wird durch ein feuchtes Leinentuch gefiltert, mit dem erkalteten Sirup vermengt und in Flaschen abgefüllt.

TIPP! Dieser Likör ist sofort trinkfertig, gewinnt jedoch mit jeder Woche Lagerung an Geschmack!

Aufgesetzter Himbeergeist

In einem Ansatzglas werden 2 kg frisch geputzte Himbeeren mit 2,5 l Ansatzkorn (80 Vol.-%) vermischt. Die Himbeeren werden so lange im Ansatzkorn (80 Vol.-%) gelassen, bis sie ihre Farbe verlieren. Die Himbeeren sollten ganz weiß, der Alkohol leicht rosa sein. Nun wird durch ein feuchtes Leinentuch gefiltert und in Flaschen abgefüllt.

TIPP! Bitte werden Sie nicht ungeduldig, der Ansatz dauert mindestens 9 Monate, bis er abgeseiht werden kann, ist aber dann sofort trinkbar!

Die nächste Beerengattung, aus der sich köstliche Alkoholika herstellen lassen, sind die Erdbeeren!
Wenn Sie die Möglichkeit haben, frische Waldbeeren zu sammeln, sollten Sie diese zur Erzeugung Ihrer Liköre verwenden. Waldbeeren sind intensiver im Geschmack.

Erdbeerlikör

Zutaten:
1 kg Wald- oder Gartenerdbeeren
1 l Weingeist (96 Vol.-%)
300 g Zucker
6 Erdbeerblätter
1,2 l Wasser

Die Erdbeeren säubern, abtropfen und zerdrücken. Das Erdbeermus mit dem Zucker, den Erdbeerblättern und dem Alkohol in eine gut schließende Flasche geben und 1 Monat an der Sonne stehen lassen. Danach die Blätter entfernen. Bereiten Sie nun aus der angegebenen Wasser- und Zuckermenge einen Sirup. Nach dem Abkühlen mit dem Erdbeergeist mischen und in Flaschen abfüllen.

TIPP! Dieser Likör hält – luftdicht verschlossen – einige Jahre!

Erdbeerweinbrand

Zutaten:
1 kg Erdbeeren
400 g Zucker
1 l Weinbrand
300 g Zucker
0,3 l Wasser

Die Erdbeeren werden mit einer Gabel zerdrückt, dann mit 400 g Zucker in eine weithalsige Flasche gefüllt und mit dem Weinbrand übergossen. 4 Wochen unter täglichem Aufschütteln bei Zimmertemperatur stehen lassen. Danach durch ein feuchtes Leinentuch seihen. Nun die zweite Zuckermenge mit dem Wasser aufkochen, erkalten lassen und mit dem Erdbeerweinbrand mischen. Wegen der vielen kleinen Kerne eventuell nochmals filtern und in Flaschen abfüllen.

TIPP! Ich bereite diesen Likör im Frühsommer von den ersten saftigen Beeren aus dem Garten und öffne die erste Flasche Likör nicht vor dem 5. Dezember, da ist er richtig ausgereift!

Walderdbeerlikör

Zutaten:
600 g reife Walderdbeeren
1,5 l Weinbrand
1 Vanilleschote
650 g Zucker
2 l Wasser
2 l Korn (38 Vol.-%)

Die Walderdbeeren pürieren und in ein Gurkenglas geben, Weinbrand und Vanilleschote dazugeben und gut verrühren. Das luftdicht verschlossene Glas 2 Wochen stehen lassen, nach dieser Zeit den Saft durch ein feuchtes Leinentuch filtern. Zucker und Wasser ca. 20 Minuten kochen lassen und nach dem Erkalten mit Alkohol und Erdbeersaft mischen.

TIPP! Dieser Likör sollte nach Fertigstellung dunkel, kühl und luftdicht verschlossen mindestens 3 Monate ruhen!

Erdbeeransatz

Dazu benötigen Sie 1,5 kg sehr reife Erdbeeren. Die Erdbeeren nicht waschen, sondern nur abwischen und in ein Gurkenglas legen. Mit Ansatzkorn (80 Vol.-%) übergießen, sodass die

Früchte 3 cm hoch mit dem Alkohol bedeckt sind, und luftdicht verschließen. Nun warten Sie, bis die Früchte glasig und farblos sind, dabei einmal wöchentlich aufschütteln. Nach 7 bis 8 Monaten abfiltern und in Flaschen abfüllen.

TIPP! Verkochen Sie den Fruchtrest mit Zucker zu einer Marmelade, die zwar etwas gehaltvoll, aber als Tortenunterlage oder für Erdbeerroulade bestens geeignet ist!

Da Bier ja ein Getränk aus Hopfen und Gerste ist, folgt hier ein Rezept für einen feinen Bierlikör.

Bierlikör

Zutaten:
3 l dunkles Bier
1,5 kg Zucker
3 Vanilleschoten
1 kleines Stück fein geriebene Ingwerwurzel
Schale einer halben Zitrone
1,5 l Weingeist (96 Vol.-%)

Das Bier wird mit dem Zucker so lange aufgekocht, bis der Zucker aufgelöst ist. Nun gibt man die aufgeschnittenen Vanilleschoten und die Zitronenschale dazu. Noch einmal alles 15 Minuten köcheln lassen. Nach dem Abkühlen mit dem Weingeist (96 Vol.-%) mischen. Eventuell durch einen Kaffeefilter laufen lassen, damit sich Vanillereste absetzen können. Danach in eher kleinere Flaschen füllen, damit eine offene Flasche nicht an Geschmack verliert.

Frühstückstrunk »Braumeisterin«

Zutaten:
1 Flasche dunkles Bier
2 EL sehr fein gemahlenen Kaffee
200 g Zucker
2 Päckchen Vanillezucker
0,25 l Korn (38 Vol.-%)

Das Bier mit dem Zucker aufkochen, den Kaffee beifügen und nochmals kurz aufwallen lassen. Nach dem Abkühlen durch einen Kaffeefilter seihen und den Vanillezucker und den Alkohol beifügen, fest und luftdicht verschlossen hält dieser Muntermacher einige Jahre.

Da auch die Kaffeebohne als Strauch wächst, gleich noch einige Kaffeerezepte, die als Likör wunderbar schmecken.

Kalter Kaffee

Zutaten:
350 g fein gemahlener Bohnenkaffee
2,5 l Wasser
1 Prise Natron
2 kg Zucker
1 l Weingeist (96 Vol.-%)
300 g Vanilleessenz

Der Kaffee wird mit dem Wasser abgebrüht und das Natron darüber gestreut. Nun muss die Mischung 1 Stunde ruhen. Danach durch einen Kaffeefilter seihen und mit dem Zucker 20 Minuten köcheln lassen. In die ausgekühlte Flüssigkeit gibt man den Alkohol und die Vanilleessenz. Den so bereiteten Likör einmal kräftig aufschütteln und in Flaschen abfüllen.

TIPP! Lassen Sie diesen Likör mindestens 5 Wochen nachreifen, ehe Sie ihn verkosten!

Damentrunk

Zutaten:
70 g gemahlener Bohnenkaffee
375 ml heißes Wasser
150 g Puderzucker
0,25 l ungeschlagene Schlagsahne
0,25 l Weingeist (96 Vol.-%)

Der Kaffee wird mit dem Wasser überbrüht und gefiltert. Dann den Puderzucker kräftig einrühren. Wenn der Kaffee kalt ist, werden die ungeschlagene Schlagsahne und der Alkohol zugegeben.

TIPP! Dieser Kaffeelikör kann sofort genossen werden und hat mich schon aus mancher Verlegenheit gerettet, wenn überraschend Besuch kam!
Bitte bewahren Sie den Likör stets im Kühlschrank auf, da seine Haltbarkeit nur auf 3 Wochen begrenzt ist!

Wacholdergin

Zutaten:
1 Hand voll Wacholderbeeren
1 l Gin

Die Beeren verlesen und an der Sonne einige Tage trocknen lassen, zerquetschen oder grob reiben und in eine weithalsige Flasche geben. Mit dem Gin übergießen und 2 Wochen an einen kühlen Ort stellen. Nach dieser Zeit filtern und in Flaschen abfüllen.

TIPP! Dieser Ansatz ist sehr aromatisch, wohlschmeckend und ein Segen für jeden Magen nach zu schwerem Essen! Der Geschmack sollte etwas herb sein!

Zitronenlikör

Zutaten:
1 l Weingeist
(96 Vol.-%)
1 l Milch
1 Zitrone in Scheiben
1 Vanilleschote
1 kg Zucker

Lassen Sie die Zutaten, bis auf den Zucker, in einer mit einem Tuch bedeckten Schüssel 2 Wochen in einem kühlen Raum stehen. Danach fügen Sie den Zucker bei und lassen die Mischung nochmals 1 bis 2 Tage ruhen. Nach dieser Zeit muss sich der Zucker gelöst haben. Nun kann man durch ein feuchtes Leinentuch filtern und in Flaschen abfüllen.

TIPP! Der abgetropfte Quark wird von mir mit Zimt, Zucker und Rosinen vermischt. Er schmeckt hervorragend, wenn er in Käsekuchen oder original Wiener Topfenstrudel verarbeitet wird.

Was wäre ein gutes Essen ohne einen selbst bereiteten Magenbitter zum Abschluss? Hier einige Rezepte zur Krönung Ihres Festessens.

Magenbitter

Zutaten:
500 g Zucker
2 l Weingeist (96 Vol.-%)
4 g Weinstein
4 g Tausendguldenkraut
6 g Alantwurzel
7 g Enzianwurzel
12 g Stern-Anis
4 g normaler Anis
60 g Orangenschalen

Die Gewürze werden in Alkohol gelegt und sollten 2 bis 3 Wochen darin ziehen. Dann filtert man die Flüssigkeit und mischt sie mit in etwas Wasser geläutertem Zucker. Das Gemisch in Flaschen abfüllen und 2 Monate ruhen lassen.

Nun noch einen Magenbitter für Rum-Liebhaber.

Rumbitter

Zutaten:
1 l Rum
4 g Gewürznelken
4 g Kardamom
100 g Enzianwurzel
60 g Orangenschalen
1 kleine Zimtstange
30 g rotes Sandelholz

Man schüttet alle Gewürze in den Rum und lässt den Ansatz 1 Woche stehen. Dann gießt man die Mixtur durch einen Kaffeefilter, füllt in Flaschen ab und lässt sie kühl und dunkel ruhen.

TIPP! Durch Zugabe von etwas Zucker kann der Rumgeschmack gemildert werden!

Russentrunk

Zutaten:
1 l Wodka
Schale von 1 Zitrone
Schale von 2 Orangen
250 g entsteinte Pflaumen
3 EL Pfefferminzblätter
1 Zimtstange

Den klein geschnittenen Zutaten fügt man 1 l Wodka bei und lässt das Ganze an einem sonnigen Ort 8 Wochen reifen. Zwischendurch immer wieder kräftig aufschütteln. Nach Ablauf der 8 Wochen filtern Sie den Ansatz durch ein feuchtes Leinentuch und lassen ihn nochmals 2 Wochen ruhen. Danach wieder filtern und in Flaschen abfüllen.

TIPP! Der Russentrunk ist nach 10 Wochen trinkfertig, wird jedoch mit jedem Monat der Lagerung feiner im Geschmack!

Pfefferminzlikör

Zutaten:
1 Hand voll Minzeblätter
0,5 l Weingeist (96 Vol.-%)
0,5 l Wasser
200 g Zucker

Die Minzeblätter in ein Gurkenglas legen, mit dem Alkohol übergießen und 12 Tage ziehen lassen. Die nun grüne Flüssigkeit mit dem dick eingekochten Zuckerwasser vermischen und durch ein feuchtes Leinentuch wringen. Den fertigen Likör in kleine Fläschchen abfüllen.

TIPP! An heißen Sommertagen mit einem Eiswürfel oder mit Sodawasser aufgespritzt, ist der Likör ein wahrer Genuss!

Heidelbeerweinbrand

Zutaten:
1 l verlesene Heidelbeeren
0,25 l Wasser
1/2 Zimtstange
3 Gewürznelken
500 g Zucker
1 l Weinbrand

Heidelbeeren, Wasser und Gewürze werden 15 Minuten zugedeckt gekocht und dann über den Zucker in eine Schüssel gegossen. Über Nacht zugedeckt stehen lassen, am nächsten Tag filtern und erhitzen. Wenn nötig noch ein zweites Mal filtern. Den Weinbrand beigeben, kräftig durchschütteln und in kleine Flaschen abfüllen.

Holunderweinbrand

2 kg Holunderbeeren, die fast überreif sein sollten, werden entsaftet. Kochen Sie nun aus 0,4 l Wasser, 300 g Zucker und 5 Gewürznelken

einen dicken Sirup. Nun mischen Sie den Sirup mit dem Beerensaft und 1 l Weinbrand. Bewahren Sie den Likör so lange wie möglich auf, denn jeder Monat Lagerung erhöht den guten Geschmack.

Schon die Kelten verwendeten Heidelbeeren, die sie in den Wäldern fanden, und erzeugten damit ein alkoholisches Gebräu. Etwas verfeinert und den heutigen Gegebenheiten angepasst, möchte ich Ihnen so ein Rezept vorstellen.

Keltentrank

3 l pürierte Heidelbeeren werden 6 Tage an einen kühlen Ort gestellt und täglich umgerührt. Nach dieser Zeit wird die Heidelbeermasse durch ein feuchtes Leinentuch gewrungen. Mit 0,7 l Wasser, 750 g Zucker und 4 Gewürznelken schwach köcheln lassen. Wenn die Masse sirupartig geworden ist, abkühlen lassen und mit 1 l Ansatzkorn (80 Vol.-%) vermengen. Gut verrühren und in geeignete Flaschen füllen.

TIPP! Der fertige Likör sollte eher dickflüssig aus der Flasche rinnen, dann ist er richtig!

Holundersekt

Zutaten:
7 l Wasser
1 unbehandelte Zitrone

Die in Scheiben geschnittene Zitrone wird mit dem Essig und dem Zucker in einen großen Ballon (Plastiktonne mit Verschluss) mit der

900 g Zucker
125 ml Essig
8 Holunderblüten

angegebenen Wassermenge gerührt. Die Holunderblüten dazugeben, gut verschließen und 3 Wochen an die Sonne stellen. Nach dem Abfiltern am besten in alte, saubere Sektflaschen füllen und mit dem Originalkorken verschließen. Mit Draht zubinden. Dunkel und kühl lagern.

TIPP! Dieses schmackhafte Getränk schäumt wie Sekt, daher sollten Sie beim Öffnen einer Flasche vorsichtig sein!

Schokoweinbrand

Zutaten:
300 g Schokolade
500 g Zucker
1,5 l Milch
1 l Weinbrand

Die in kleine Stückchen gebrochene Schokolade wird mit dem Zucker in der Milch aufgekocht. Bitte stets umrühren, damit nichts anbrennt! Wenn die Schokolade und der Zucker zergangen sind, abkühlen lassen und mit dem Weinbrand mischen. Dieser feine Likör sollte mindestens 1 Monat gut gekühlt ruhen, ehe Sie ihre Bekannten damit überraschen.

Zimtlikör

Zutaten:
3 Zimtstangen
20 g Zimtpulver
400 g braunen Zucker
2,5 l Weinbrand

Alle Zutaten in ein großes Glas geben und luftdicht verschließen. Mindestens 8 Wochen an einem kühlen Ort ziehen lassen. Nach dieser Zeit durch einen Kaffeefilter seihen und in Flaschen abfüllen.

Aprikosenlikör (Marillenlikör)

Zutaten:
30 vollreife Aprikosen
250 g Zucker
1/2 Zimtstange
5 Gewürznelken
1,5 l Obstler oder
0,75 l Weingeist
(96 Vol.-%) mit
0,75 l destilliertem
Wasser

Die Aprikosen entsteinen und die Kerne aufschlagen. Zucker und Gewürze beigeben. In einem Gurkenglas mit dem Alkohol übergießen und an einem sonnigen Fenster 4 Wochen lagern, dabei öfter aufschütteln. Nach dem Filtern in geeignete Flaschen abfüllen und mindestens 10 Wochen ruhen lassen.

Bananenlikör

Zutaten:
1 sehr reife Banane
0,5 l Ansatzkorn
(80 Vol.-%)
250 g Zucker
0,5 l Wasser

Die geschälte Banane wird in ein Stück Verbandmull oder Gaze gewickelt. Fügen Sie den in kochendem Wasser aufgelösten Zucker dazu. Hängen Sie das Säckchen mit der Banane so in ein mit dem Alkohol gefülltes Gurkenglas, dass das Säckchen mit der Banane die Oberfläche der Flüssigkeit nicht berührt. Das Glas nun fest verschließen und 2 bis 3 Wochen stehen lassen. Nach dieser Zeit abfiltern, 1 Tag setzen lassen und nochmals filtern, um auch wirklich alle Bananenteile zu entfernen. Dieser Likör ist dann sofort trinkfertig.

Rosenlikör

Zutaten:
150 g Rosenblätter
0,5 l Wasser
0,5 l Weingeist (96 Vol.-%)
250 g Zucker
1 Messerspitze Zimtpulver
einige Korianderkörner

Sammeln Sie alle Rosenblätter, egal welcher Farbe, die nicht gespritzt sind. Legen Sie die stark duftenden Rosenblätter in eine Porzellanschüssel und gießen Sie 0,5 l warmes Wasser darauf. Nach einigen Stunden filtern Sie durch ein Gazetuch. Nun fügen Sie den Alkohol bei, den Zucker, etwas Zimt und die Korianderkörner. Bevor Sie filtrieren, sollte die Flasche gut verschlossen und kühl 2 bis 3 Wochen stehen.

Nun etwas sehr Feines für alle Wodkaliebhaber.

Preiselbeerwodka

Zutaten:
1 kg sehr reife Preiselbeeren
0,5 l Wasser
500 g Zucker
1 l Wodka

Schütten Sie die reifen Preiselbeeren in eine große Flasche und übergießen Sie sie mit dem Wodka. Jetzt muss das Glas 3 Wochen an einem warmen Ort stehen, bis die Beeren ihre rote Farbe verloren haben. Danach können Sie das Ganze durch ein feuchtes Leinentuch filtern. In der Zwischenzeit bereiten Sie aus dem Wasser und dem Zucker einen Sirup, den Sie kalt zum Ansatz geben. Das Ansatzglas wieder gut verschließen und nochmals 2 Wochen warten, ehe Sie in Flaschen abfüllen.

Tipp! Der Preiselbeerwodka benötigt viel Ruhe – geben Sie ihm daher die Zeit zum Ausreifen.

Wer von Ihnen, liebe Leserinnen und Leser, kann sich noch an den guten Geschmack von selbst gemachtem Eierlikör erinnern? Probieren Sie es doch ganz einfach wieder einmal aus.

Großmutters Eierlikör

Zutaten:
4 Eigelb
200 g Zucker
1 Vanilleschote
0,25 l Milch
100 ml Weingeist (96 Vol.-%)

Das Eigelb mit dem Zucker schaumig schlagen und das Mark der Vanilleschote beimengen. Diese Masse wird mit der Milch und dem Weingeist (96 Vol.-%) gut vermischt und ist sofort trinkfertig.

TIPP! Bitte bewahren Sie den Eierlikör im Kühlschrank auf. Er wird schnell alt, da in ihm keine chemischen Haltbarmacher enthalten sind!

Ist Ihnen nach dem Zubereiten von Leckereien auch schon einmal Honig übrig geblieben? Wenn ja, dann bereiten Sie doch einen Bärenfang.

Bärenfang

Zutaten:
500 g Honig
0,5 l Obstler (38 Vol.-%)
geriebene Schale 1 Zitrone
5 g Ingwer

Mischen Sie den erwärmten Honig mit Obstler, Ingwer und der Zitronenschale gut ab. Füllen Sie die Mixtur in kleine Flaschen.

TIPP! Ich sammle Plastikflaschen mit Schraubverschluss in verschiedenen Größen, um immer passende Abfüllflaschen bereitzuhaben!

Sehr fein und fast unbegrenzt haltbar ist mein Rotweintrank.

Rotweintrank

Zutaten:
1 l Rotwein
0,5 l Rum
150 ml Ansatzkorn (80 Vol.-%)
800 g Puderzucker
1 ausgeschabte Vanilleschote

Rühren Sie alle Zutaten so lange ab, bis sich der Zucker aufgelöst hat. Füllen Sie den nun schon fertigen Likör in gut gereinigte Flaschen, die Sie luftdicht verschließen. Nach 6 bis 8 Wochen ist dieser Likör so gut gereift, dass Sie ihn Ihren Gästen servieren können.

Vanillegeist

Zutaten:
5 Vanilleschoten
2 l Wasser
500 g Zucker
0,75 l Weingeist (96 Vol.-%)

Wasser, Vanillemark und Zucker werden 10 Minuten lang aufgekocht und gut abgeseiht. Wenn die Masse abgekühlt ist, mit dem Alkohol übergießen, kräftig durchmischen und in Flaschen abfüllen.

Tipp! Wenn Sie etwas Milch mit Maisstärke und dem fertigen Likör vermischen, haben Sie eine feine Beilage zu Ihren Süßspeisen.

Getränkezubehör

Zimt-Nusslikör
(siehe auch Rezept auf Seite 10)

Himbeertrunk
(siehe auch Rezept auf Seite 17)

Damentrunk
(siehe auch Rezept auf Seite 23)

Pfefferminzlikör
(siehe auch Rezept auf Seite 26)

Holunderblüten
(für Rezept Holundersekt, siehe auch Seite 27)

Eierlikör
(siehe auch Rezept auf Seite 31)

Rosinenweinbrand
(siehe auch Rezept auf Seite 35)

Zwetschgenansatz

Füllen Sie ein großes Ansatzglas zu drei Viertel mit süßen, gewaschenen und entstielten Zwetschgen. Füllen Sie das Glas nun mit Ansatzkorn (80 Vol.-%) auf und verschließen Sie es luftdicht. An einen warmen, jedoch nicht sonnigen Platz aufstellen und 8 Wochen ruhen lassen. Nach dieser Zeit ist der Likör fertig und kann verkostet werden. Zum Abfüllen verwenden Sie bitte nur dunkle Flaschen.

Himbeer-Minze-Likör

Zutaten:
200 g verlesene Himbeeren
5 Zweige englische Minze (ist intensiver im Geschmack)
1 l Wodka

Geben Sie die Himbeeren mit der Minze in ein weithalsiges Glas und übergießen Sie mit dem Wodka. Stellen Sie den Ansatz für 4 Wochen an ein sonniges Fenster. Nach dieser Zeit filtern Sie durch einen Kaffeefilter. In Flaschen füllen und mindestens noch 3 Wochen nachreifen lassen.

Tipp! Sollten Sie lieber einen süßen Likör bevorzugen, süßen Sie den fertigen Ansatz einfach mit etwas Honig.

Weißdornlikör

Um diesen Likör zuzubereiten, brauchen Sie gut 2 Hand voll Blütenblätter, die Sie in eine weithalsige Flasche geben. Die Blätter werden mit 1 l Weinbrand übergossen, luftdicht verschlossen und 3 Monate an einem warmen, jedoch nicht sonnigen Ort aufbewahrt. Nach dem Abfiltern sollte der Likör noch mindestens 4 Monate lagern, ehe Sie verkosten.

Eine allgemein bekannte Pflanze, aus der sich ein wunderbarer und außergewöhnlicher Likör mit gutem Geschmack herstellen lässt, ist der Rotklee.

Rotkleelikör

Sammeln Sie bei einem Ihrer nächsten Spaziergänge auf einer Wiese 2 Hand voll aufgeblühte Blütenköpfchen des Rotklees. Geben Sie die gewaschenen und gut abgetropften Köpfchen in ein Ansatzglas. Danach übergießen Sie den Klee mit 1 l Korn (38 Vol.-%). Das verschlossene Glas wird nun für 5 Wochen an einem warmen Ort aufbewahrt. Nach dem Filtrieren können Sie in Flaschen abfüllen. Der Likör muss allerdings noch mindestens 2 Monate im Keller nachreifen.

TIPP! Der fertige Likör hat eine eigene Natursüße, kann jedoch nach Geschmack nachgesüßt werden.

Die Jostabeere ist eine Züchtung neueren Datums. Sie vereint den Geschmack der Johannisbeere mit dem der Stachelbeere. Auch dazu gibt es ein feines Rezept.

Jostatrunk

Ernten Sie die Jostabeeren, wenn ihre Haut schon etwas ledrig ist. Auf 2 l Früchte benötigen Sie 4 l Korn (38 Vol.-%). Geben Sie die gut abgespülten Früchte mit dem Korn (38 Vol.-%) in ein verschließbares Glasgefäß. Lassen Sie diesen Ansatz 9 bis 10 Wochen warm und hell stehen. Nach dieser Zeit wird filtriert, verkostet und eventuell nachgesüßt. Der Likör sollte mindestens noch 4 Monate dunkel ruhen.

TIPP! Zum Nachsüßen verwenden Sie in Rotwein aufgelösten Kandiszucker! Gewürznelken runden den Geschmack ab! Auch mit Zimtrinde lässt sich der Geschmack nach Wunsch verfeinern!

Nun zum Abschluss des Kapitels noch ein Trunk, der in Deutschland unter dem Namen Pforz oder Pfürzerl bekannt ist. In den Aufzeichnungen meiner Großmutter heißt er Schasserlwasser. Viele Leute kennen ihn unter seinem offiziellen Namen: Kümmellikör.

Kümmellikör

3 Kaffeelöffel Kümmel werden in 0,5 l heißes Wasser gegeben. Nach dem Erkalten kommen noch 0,5 l kaltes Wasser und 0,5 l Weingeist

(96 Vol.-%) dazu. Dieser Ansatz wird für 10 Tage an einen warmen Ort gestellt und muss öfter gut durchgeschüttelt werden. Nach dem Abseihen kommen noch 300 bis 400 g Zucker, der in wenig Wasser gelöst wurde, dazu. Gut durchmischen und in Flaschen abfüllen.

TIPP! Dieser Likör sollte noch einige Zeit im Keller gelagert werden. Er ist etwas naturtrüb, da keine chemischen Aufheller verwendet werden!

2. Kapitel

Sirupe & Säfte

Unsere Natur ist freigebig. Überall bietet sie ihre Gaben an, aber viele von uns haben es verlernt, ihre reichen Früchte zu verwerten. Diese Fähigkeit möchte ich Ihnen in diesem Buch wieder vermitteln. Gerade jetzt, wo walken und joggen besonders modern sind, können Sie während Ihrer sportlichen Betätigung nach Verwertbarem aus der Natur Ausschau halten.
Vorausgeschickt sei der Hinweis, dass Sie für Säfte und Sirupe am besten einen speziell zubereiteten Zucker verwenden. In ländlichen Gegenden ist diese Art von Zucker als Krumpelzucker bekannt.

Krumpelzucker

Verwenden Sie zur Zubereitung Kristallzucker und gießen Sie die angegebene Zuckermenge mit so viel Wasser auf, dass sich beim Aufkochen dicke, weiße Blasen bilden und der Zucker trocken und krumpelig (kraus) wird. Diesen Zucker verwenden Sie zum Mischen mit Fruchtbrei, um Saft oder Sirup zu erzeugen.

Erdbeersirup 1

Zutaten:
2 kg Erdbeeren
2 l Wasser
3 kg Zucker
1 Prise Ascorbinsäure

Kochen Sie die Erdbeeren mit Wasser zu einem Brei, den Sie noch heiß filtern. Den gewonnenen Saft mit der Ascorbinsäure und dem Zucker so lange köcheln lassen, bis ein dicker Sirup entsteht. In heiß ausgespülte Flaschen füllen und nach dem Erkalten luftdicht verschließen.

TIPP! Nehmen Sie kleinere Flaschen, da eine geöffnete Flasche im Kühlschrank nicht länger als 1 Woche haltbar ist!

Erdbeersaft 1

Zur Zubereitung werden 2 kg frische Erdbeeren mit 0,5 l Wasser weich gekocht. Etwas auskühlen lassen, durch ein feuchtes Leinentuch pressen und dabei gut auswringen. Den gewonnen Saft mit 1 kg Zucker aufkochen. Sofort in heiß ausgespülte kleinere Flaschen geben und den Flaschenhals mit Korn (38 Vol.-%) füllen.

TIPP! Ungeöffnet hält dieser Saft mindestens 2 bis 3 Jahre.

Brombeersaft

Ein wahres Göttergetränk nannten die Römer diesen roh zubereiteten Saft. Dazu verwenden Sie vollreife Früchte, die Sie durch ein feuchtes Leinentuch filtern. Den Saft sofort trinken.

TIPP! Dieser frische Trank ist sehr gut für Diabetiker geeignet, denn er wirkt blutzuckersenkend! Der frisch gepresste Saft hat keine Haltbarkeit! Wenn Sie jedoch den Saft mit Zucker aufkochen, hält er im Kühlschrank 1 Woche.

Brombeersirup

Zutaten:
3 l Brombeersaft
1,5 kg Zucker

Den Zucker zu Krumpelzucker verarbeiten und mit dem heißen Brombeersaft mischen. Unter ständigem Umrühren zu einem dicken Sirup verarbeiten. Den fertigen Sirup in Flaschen abfüllen. Er hält sich an einem kühlen Ort aufbewahrt mehrere Monate.

TIPP! Eine offene Flasche sollte nur im Kühlschrank aufbewahrt werden.

Für Ihre nächste Sommerparty eignet sich auch der nächste Drink, der aus frischen, saftigen Brombeeren zubereitet wird.

Brombeerdrink

Geben Sie Brombeersaft und 2 Eiswürfel in einen Shaker. 125 ml Milch, etwas Zucker und 2 große Schnapsgläser Brombeerlikör gehören dazu. Ebenso ein Ei. Nun alles fest schütteln und in ein passendes Glas gießen.

TIPP! Wenn Sie über das fertige Getränk etwas Muskat reiben, erhöhen Sie den Brombeergeschmack!

Kornelkirschensaft

Die Früchte des Kornelkirschenstrauchs haben ein Geheimnis. Sie geben einen wunderbaren Saft. Dazu müssen Sie die Kirschen in einem entsprechend großen Topf mit Wasser bedecken und weich kochen. In einem Sieb gut abtropfen lassen und nach Geschmack süßen. Dieser Saft hält sich sehr lange, wenn Sie die Flaschen 30 Minuten bei 80 °Celsius sterilisieren.

TIPP! Versetzt mit Kirschwasser und Sekt haben Sie einen wunderbaren Kir für Ihre Festlichkeiten!

Ebereschensirup

Die Beeren der Eberesche werden mit Wasser bedeckt und so lange durchgekocht, bis sie zerfallen. Nun durch ein sehr feines Sieb (Haarsieb) seihen. Bitte wiegen Sie die Saftmenge und mengen Sie gleich viel Zucker bei. Alles zusammen so lange kochen, bis der Saft ölig dick ist. Noch heiß in heiß ausgespülte Flaschen füllen und sofort verschließen.

TIPP! Dieser Sirup hält sich mehrere Jahre! Wenn er nachdunkelt, ist dies kein Anzeichen schwindender Güte.

Großmutters Durstlöscher

Zutaten:
0,25 l Ebereschensaft
0,25 l Himbeersirup
1 EL Zucker
Eiswürfel
Mineralwasser nach Bedarf

In einen Saftkrug gibt man die Eiswürfel und den Zucker. Nun langsam den Saft und den Sirup darin mischen. Mit Mineralwasser servieren, damit sich jeder seine Mischung selbst zubereiten kann.

Tipp! Diese Limonade war das Getränk meiner Kindheit, in der es noch keine Dosenlimonaden gab.

Großmutters Hetschipetsch (Hagebutten)

Meine Großmutter hatte Hagebutten immer Hetschipetsch genannt. Sie sind nicht nur reich an Vitaminen, sondern ergeben auch ein feines Getränk. Am besten schmecken die weichen, schon einmal angefrosteten Beeren. Sie werden von Blüte und Stiel befreit und mit ihren Kernen in einen großen Topf gegeben. 20 Minuten brausend durchkochen. Durch ein feuchtes Leinentuch wringen und gleich viel Zucker zugeben, nochmals kurz wallend aufkochen. Danach in heiß ausgespülte Flaschen füllen. Als Sirup hält dieser Hagebuttenmix einige Jahre. Als Saft sollte er innerhalb von einer Woche verwendet werden.

Tipp! Dieser Trunk hilft bei Nieren- und Blasenleiden. Er ist durststillend und wirkt beruhigend.

Heidelbeersaft

Mengen Sie 3 kg Heidelbeeren mit 0,5 l Wasser und kochen Sie das Gemisch kräftig auf. Durch ein feuchtes Leinentuch abpressen und dabei fest auswringen. Der Rückstand im Leinentuch sollte ganz trocken sein. Den so entstandenen Saft mit der Zuckermenge Ihrer Wahl (je nach Geschmack mehr oder weniger süß) aufkochen und in Flaschen abfüllen. Die Flaschen 20 Minuten bei 80 °C sterilisieren. Der dunkel und kühl gelagerte Saft hält mehrere Jahre.

Heidelbeersirup

2 kg Heidelbeeren werden mit 1 kg Puderzucker bestreut und für 2 Tage sonnig und warm gestellt. Nach dieser Zeit durch ein feuchtes Leinentuch pressen. Bereiten Sie aus 2 kg Zucker und 1 l Wasser einen Sirup, den Sie mit dem gewonnenen Saft vermischen. Nochmals so lange kochen, bis der Sirup ölig ist. Nun in Flaschen abfüllen, luftdicht verschließen und dunkel lagern.

TIPP! Dieser Sirup ist sehr fein zu Eis. Mit Kaffeesahne vermischt schmeckt er auch als Sauce zu Quarksüßspeisen.

Himbeersaft lässt sich auf verschiedene Arten zubereiten. Einige Arten der Herstellung möchte ich Ihnen vorstellen.

Himbeersaft 1

In einem weiten Geschirr, am besten einer Glas- oder Plastikschüssel, werden 3 kg Himbeeren 3 bis 5 Tage kühl gestellt. Wenn sie zu saften und leicht zu schimmeln beginnen, ist das ein Zeichen dafür, dass die Himbeeren gerade richtig zum Verarbeiten sind. Der Schimmel sprengt die Zellen und gibt den Saft besser frei: Er ist völlig harmlos. Durch ein feuchtes Leinentuch abpressen und je Liter Saft 300 g Zucker zugeben. Alles einige Minuten brausend durchkochen. Der nicht zu dick eingekochte Saft wird sofort in heiß ausgespülte Flaschen gefüllt und luftdicht verschlossen.

Himbeersaft 2

Entsaften Sie die von Ihnen gekaufte oder gesammelte Menge Himbeeren mit dem Dampfentsafter. Der so gewonnene heiße Saft wird direkt vom Herd aus in heiß ausgespülte und noch heiße Flaschen (am besten eignen sich Mineralwasserflaschen mit intakten Schraubverschlüssen) gefüllt. Kühl und dunkel gelagert hält sich dieser Saft auch ohne Zuckerzusatz 1 Jahr.

Himbeersaft 3

Die gesammelten Himbeeren werden mit Wasser bedeckt 15 Minuten stark sprudelnd gekocht und ausgepresst. Nun mit der Zuckermenge Ihrer Wahl aufkochen und noch heiß abfüllen. Luftdicht und dunkel gelagert hält dieser Saft 2 Jahre.

Himbeersirup

Bereiten Sie auf eine der beschriebenen Arten einen Himbeersaft zu und kochen Sie 2 l Saft mit 1 kg Zucker auf. Nun das Kochgeschirr abdecken. Am nächsten Tag wieder mit 1 kg Zucker aufkochen. Ebenso verfahren Sie am dritten Tag. Dieser Sirup ist jetzt dickflüssig, fast wie ein Gelee.

TIPP! Sicher ist diese Art der Sirupzubereitung etwas zeitaufwändig. Dafür haben Sie jedoch die Gewissheit, reine Natur ohne Chemie zu genießen! Dieser Sirup hält luftdicht verschlossen mehrere Jahre.

Die Zeit, in der der Holunder blüht, sollten Sie nutzen. Sammeln Sie bei einem ausgiebigen Spaziergang die duftenden weißen Holunderblüten. Eine alte Bauernregel besagt: Ein Holunderbusch beim Haus ersetzt die Apotheke! Ich habe mich bemüht, alle Holunderrezepte, die mir einfielen, für Sie zu notieren. Zuerst ein Getränk, das nicht haltbar ist, aber sehr gut schmeckt und viele Vitamine hat.

Großmutters Frühlingstrunk

Zutaten:
8 Holunderblüten-dolden
0,5 l Milch
Zucker nach Geschmack

Die Blüten werden sorgfältig von den Stielen geschnitten und fest ausgeschüttelt. Legen Sie sie in einen Topf und übergießen Sie sie sofort mit heißer Milch. Zirka 10 Minuten ziehen lassen und dann abseihen. Nun süßen Sie nach Ihrem Wunsch und trinken das Getränk entweder heiß oder servieren es kalt auf Eis.

TIPP! Mit Süßstoff und Milch, die nur 0,5 % Fett enthält, ist dieses Getränk auch ideal für Diabetiker!

Holundersirup

Zutaten:
Holundersaft
Zucker
Zitrone

Der durch Auskochen oder Dampfentsaftung gewonnene Holundersaft wird sorgfältig gewogen. Dann bereitet man ebenso viel Krumpelzucker und gießt den Saft dazu. Fügen Sie den Saft einer Zitrone dazu und köcheln Sie den Mix so lange, bis alles dickflüssig ist. In kleine Flaschen füllen und luftdicht verschließen.

TIPP! Dieser Sirup schmeckt nicht nur mit Sodawasser, sondern eignet sich auch zum Übergießen von Süßspeisen. Verfeinern Sie damit Ihren nächsten Obstsalat!

Fiebertee

Zutaten:
0,5 l schwarzer Tee
0,5 l Holundersaft
1 Zimtrinde
1 bis 2 Gewürznelken
Zucker nach Bedarf

Mischen Sie den Tee mit dem Holundersaft, fügen Sie die Gewürze bei und wärmen Sie alles bis zum Siedepunkt auf. Nun die Gewürze entfernen, zuckern und, je nach Höhe des Fiebers, entweder mit Zitrone oder mit Rum mischen.

TIPP! Auch an kalten Wintertagen wärmt dieser Tee rasch auf, da der Holundersaft den Kreislauf anregt!

Maulbeersaft

Zutaten:
1,5 kg Maulbeeren
500 g Johannisbeeren
Zucker

Die vorbereiteten Früchte werden im Dampfentsafter mit 120 g Zucker überstreut und entsaftet. Den heißen Saft gibt man direkt in vorgewärmte Flaschen und verschließt luftdicht. Wenn Sie keinen Dampfentsafter haben, kochen Sie die Beeren mit 0,5 l Wasser weich und pressen den Saft durch ein feuchtes Leinentuch.

TIPP! Dieser Saft hilft garantiert bei Erkältungskrankheiten und Frühjahrsmüdigkeit.

Die süße Eberesche, auch Mehlbeere genannt, liefert uns folgendes Rezept.

Mehlbeersaft

Zutaten:
1,5 kg Mehlbeeren
500 g schmackhafte Kirschen
200 g Zucker

Diesen Saft gewinnen Sie ebenso wie den Maulbeersaft (siehe voriges Rezept) im Dampfentsafter oder durch Auskochen der Früchte. In den fertigen Saft 200 g Zucker schütten, fest umrühren und nochmals bis zum Siedepunkt erhitzen. Noch heiß in heiß ausgespülte Flaschen füllen und luftdicht verschließen.

TIPP! Dieser Saft ist ideal bei Erkältungskrankheiten und kann nach Wahl an kalten Wintertagen mit Tee gemischt werden.

Kirschensaft

Zutaten:
3 kg Kirschen
je 0,5 l fertigen Saft 400 g Zucker

Die entstielten Kirschen werden in einem Gefäß zerstoßen und abgedeckt. Über Nacht ruhen lassen und am nächsten Tag so stark abpressen, dass nur noch ein trockener Rest übrig bleibt. Die Zuckermenge zu Krumpelzucker verkochen und den Saft zufügen. Nun alles nochmals 3 bis 4 Minuten aufkochen und den dabei entstehenden Schaum abschöpfen. Den abgekühlten Saft in Flaschen abfüllen und luftdicht verschließen.

TIPP! Wenn Sie diesen Saft kühl lagern, behält er mindestens 2 Jahre seine Güte!

In den Nachkriegsjahren mussten viele Hausfrauen beim Zubereiten von Essen und von Getränken zaubern. Da alle Lebensmittel rationiert waren, wurden Beeren und Früchte, die von Spaziergängen mit nach Hause gebracht wurden, verwertet. Selbst aus den Saftresten wurde noch irgendetwas gebraut. Aus in vielen Wochen der Entbehrungen gesammelten Zuckerrationen bereitete meine Großmutter einen feinen Mehrfruchtsirup.

Großmutters Mehrfruchtsirup

Bereiten Sie aus allen im Sommer erzeugten Beerensäften durch Zugabe von Zitronensaft und Zucker und nochmaliges Aufkochen einen Sirup. Der hält luftdicht verschlossen bis zu 2 Jahren. Der Saftmix war bei uns zu Hause eine Attraktion. Vielleicht war er der Grund für die vielen Besuche von Schulfreundinnen.

Auch Zitronen waren nicht auf dem Speiseplan der Nachkriegskinder enthalten. So wurden bei Wanderungen im Spätherbst Rotdornfrüchte als Zitronenersatz oder Essig zum Würzen von Speisen und Salaten gesammelt. Dazu gleich einige Rezepte.

Großmutters Rotdorn-Zitronen-Ersatz

Die frisch gepflückten Beeren werden mit wenig Wasser ausgekocht und abgeseiht. Der gewonnene Saft wird frisch zum Würzen von Salaten und Saucen, aber auch von Erfrischungsgetränken und Süßspeisen verwendet.

TIPP! Heute, im Zeitalter der Gefriergeräte, friere ich den Saft im Eiswürfelfach ein!

Rotdornsaft

Zutaten:
2 kg Rotdornbeeren
100 g Zucker

Die verlesenen Beeren werden mit Wasser bedeckt und gut ausgekocht. Geben Sie die angegebene Zuckermenge gleich bei, um die Saftabgabe zu erleichtern. Den gekochten Saft in kleine Flaschen füllen und luftdicht verschließen.

TIPP! Als Sirup (2 kg Zucker zu 2 kg Rotdornbeeren) oder mit einem anderen Beerensirup aufgekocht, haben Sie als Mix mit Sodawasser das ideale Getränk für den Sommer!

Schlehdornsirup

Zutaten:
500 g Schlehen
1 kg Zucker
3 Vanilleschoten

Die Schlehen, die noch hart sein sollen, werden mit kochend heißem Wasser überbrüht und für 2 Tage kühl gestellt. Danach gießt man das Wasser ab, erhitzt es erneut und gießt es wieder über die Schlehen. Nach weiteren 2 Tagen kühlen Rastens wiederholt man die Prozedur noch einmal und stellt das Ganze wiederum für 2 Tage kühl. Danach presst man durch ein feuchtes Leinentuch gut ab. Den so gewonnenen Saft mit der Vanilleschote und dem Zucker so lange kochen, bis er dickflüssig ist. Noch heiß abfüllen und luftdicht verschließen.

TIPP! Dieser Saft hält sich kühl und dunkel gelagert mindestens 2 Jahre!

Erdbeermilch

Zutaten:
0,5 l Milch
120 g Zucker
160 g Erdbeeren
1 Päckchen Vanillezucker
Zitronensaft nach Geschmack

Die kalte Milch wird mit dem Zucker verrührt, die gut zerdrückten Erdbeeren, den Vanillezucker und etwas Zitronensaft dazugeben. Alles gut abrühren und in einem Longdrinkglas mit Eiswürfeln servieren.

TIPP! Diese nicht haltbare Milch schmeckt besonders Kindern gut und sollte immer frisch zubereitet werden! Probieren Sie dieses Getränk auch mit Sauer- oder Buttermilch aus, das schmeckt noch erfrischender.

Erdbeersaft 2

Zerkochen Sie 1,5 kg Erdbeeren mit 1,5 l Wasser zu einer breiigen Substanz. Sofort nach dem Verkochen filtern. Den heißen Saft mit 1,5 kg Zucker aufkochen. Bereiten Sie heiß ausgespülte Flaschen vor und füllen Sie den entstandenen Saft sofort ab. Luftdicht verschlossen im Kühlschrank aufbewahren.

Erdbeersirup 2

Kochen Sie 1 kg Erdbeeren mit 0,25 l Wasser zu Brei. Danach werden die Erdbeeren durch ein feuchtes Leinentuch gepresst. Der gewonnene Saft wird gewogen und mit der gleichen Menge Zucker zu einem dicken Sirup verkocht.

Im Spätsommer reifen die Stachelbeeren, damit haben wir ein Obst, aus dem sich ebenfalls ein wunderbarer Sirup zubereiten lässt. Gestreckt mit Sekt ergibt er einen herrlichen Kir.

Stachelbeersirup

3 kg sorgfältig gewaschene Stachelbeeren werden mit 1 l Wasser gut zerkocht. Nun durch ein feuchtes Leinentuch filtern und zusätzlich durch einen Kaffeefilter laufen lassen, bis der Saft klar ist. Anschließend die Saftmenge mit der doppelten Zuckermenge zu einem öligen Sirup verkochen und lauwarm in vorbereitete Flaschen mit Schraubverschluss füllen.

Lavendelsaft

Aus frischen Lavendelblüten (oder getrockneten Lavendelblüten aus der Apotheke) wird ein Tee gekocht. Der Tee wird mit Zitronensaft und Zucker noch einmal aufgekocht und heiß in kleine Fläschchen gefüllt.

TIPP! Ein Löffel Saft nach dem Frühstück hilft Kindern in Stresssituationen (vor Schularbeiten etc.) und allgemein als Einschlafhilfe und bei Kopfschmerzen. Bei Erwachsenen hilft der Lavendelsaft gegen Schwindel und zur Anregung der Gallensekretion.

Berberitzensaft

Die reifen Beeren der Berberitze, auch Sauerdorn genannt, werden durch Auskochen entsaftet. Dann wird der fertige Saft abgepresst und gewogen. Für 1 l Saft benötigen Sie 400 g Zucker. Verrühren Sie den Zucker mit dem Saft und erhitzen Sie alles bis zum Siedepunkt. Sofort in heiß ausgespülte Flaschen füllen und luftdicht verschließen. Bei 80 °C ca. 30 Minuten sterilisieren.

TIPP! Versuchen Sie doch einmal den fertigen Saft einzufrieren und als Eiswürfel im Sommer mit Mineralwasser zu verwenden!

Haben Sie die Möglichkeit, günstig Johannisbeeren zu bekommen? Dann bereiten Sie doch einen Johannisbeersirup.

Johannisbeersirup

Nehmen Sie Johannisbeeren, die nicht sortenrein sein müssen, und waschen Sie diese sehr gut ab. Die Johannisbeeren ungerebelt mit einigen Blättern in einen Topf (am besten einen Schnellkochtopf) geben und zur Hälfte mit Wasser abdecken. So lange kochen, bis sie zerfallen. Jetzt nehmen Sie ein feuchtes Flanelltuch und wringen die Masse durch das Tuch. Den Saft daraus kochen Sie mit der doppelten Zuckermenge so lange auf, bis ein Sirup entsteht. Etwas abkühlen lassen und dann in saubere Plastikflaschen abfüllen. Mein Saft steht jetzt schon 2 Jahre im Vorratsraum und schmeckt noch immer wunderbar.

TIPP! Um den Geschmack etwas abzurunden, können Sie auch eine kleine Zimtstange und einige Gewürznelken mitkochen.
Natürlich ist mir bewusst, dass man Johannisbeeren-, Orangen- oder Himbeersirup heute schon sehr preisgünstig und ohne Arbeitsaufwand in jedem Supermarkt kaufen kann. Jedoch ist selbst bereiteter Sirup ohne Chemie ein reines Naturprodukt und die Gesundheit unserer Kinder und Enkelkinder ist diese Mehrarbeit sicher wert!

Nun eine feine Limonade, die kalt getrunken jeden Sommertag versüßt. Schon im Römischen Reich war dieser Saft als Erfrischungsgetränk bekannt. Er wurde von den Römerinnen aber auch als Kosmetikum benutzt. Man war überzeugt, dass es die Gesichtshaut jung und geschmeidig erhält.

Honigsaft

Der Saft von 3 Orangen und 3 Zitronen wird mit Wasser und Honig nach Geschmack vermischt.

TIPP! Serviert mit Soda- oder Mineralwasser haben Sie ein tolles Getränk für jede Kinderparty!

Gefrorener Aprikosensaft

Schon etwas überreife Früchte werden entsteint, klein geschnitten und in einen Topf mit 0,2 l Wasser je kg Früchte und mit Zucker eingeschichtet. Immer 1 Lage Aprikosen, 1 Lage Zucker (je kg Früchte sollten Sie ca. 2 kg Zucker verwenden). Unter ständigem Umrühren aufkochen und sofort durch ein feuchtes Leinentuch pressen. Mit 2 TL Ascorbinsäure haltbar machen. Bereiten Sie kleine Frischhaltedosen vor und geben Sie den Saft hinein. Im Gefrierfach aufbewahren und bei Bedarf 1 Dose auftauen. Der Saft lässt sich zum Verzieren von Eis oder Quarkspeisen verwenden.

TIPP! Mit Mineralwasser verdünnt schmeckt dieser alkoholfreie Saft auch jedem Autofahrer.

Nun wieder ein Getränk, das zwar nicht haltbar ist, dafür aber nicht weniger gut schmeckt.

Pfirsichshake

Aus 15 frischen und sauberen Pfirsichblättern und 1,5 l Milch bereiten Sie diesen Shake. Kochen Sie beides kurz auf und lassen Sie die Milch anschließend 30 Minuten ruhen. Nach dieser Zeit die Blätter entfernen. Zuckern Sie nach Geschmack. Verfeinern Sie dieses Getränk mit einem Eidotter und servieren Sie es mit Eiswürfeln.

Oft steht in alten Kochbüchern: „Verwenden Sie Vanillesaft." Darf ich Ihnen das Rezept zur Bereitung von Vanillesaft vorstellen?

Vanillesaft

Zutaten:
250 g Zucker
0,25 l Wasser
2 aufgeschnittene Vanilleschoten

Geben Sie alle Zutaten in einen Topf und lassen Sie sie aufkochen. Zirka 10 Minuten köcheln lassen, bis der Zucker vollständig gelöst ist, zur Seite stellen und nach dem Erkalten die Vanilleschoten entfernen. Dieser Saft sollte in dunklen Fläschchen aufbewahrt werden.

TIPP! Wenn Sie für diesen Saft ein Plätzchen im Kühlschrank finden, dankt er es Ihnen mit einer Haltbarkeit von 5 Monaten.

Aus saftigem Fallobst (Birnen oder Äpfel) bereite ich im Herbst einen hervorragenden Obstsaft.

Obstsaft

Kochen Sie das gut gereinigte und ausgeschnittene Fallobst mit 0,5 l Wasser je kg Obst 20 Minuten auf. Nach dem Abkühlen verkosten Sie den Zuckergehalt des Saftes mit einem Plastiklöffel und geben nach Geschmack noch etwas Zucker bei. Den nun fertigen Saft leicht wallend dickflüssig werden lassen. In trockene Flaschen füllen und luftdicht verschließen.

TIPP! Der so gewonnene Saft hält bei kühler Lagerung 2 Jahre. Wenn Sie den Flaschenhals mit etwas Korn oder Obstler auffüllen, ist der Saft unbegrenzt haltbar!

Ich wohne in einer kleinen Gemeinde, in der das zwischenmenschliche Miteinander noch sehr gut funktioniert. Manchmal kommt es vor, dass mich in den Sommerferien ein Schwarm Kinder verschiedenen Alters besuchen kommt, um bei mir zu spielen. Zu diesem Zweck habe ich mir ein paar alkoholfreie Bowlen ausgedacht, die jedes Kinderherz erfreuen, und die ich an Sie weitergeben möchte. Aus den bereits beschriebenen Säften oder aus Sirupen zaubern Sie im Handumdrehen eine feine Beerenbowle.

Beerenbowle

Für 10 Gläser Bowle benötigen Sie:
100 ml Himbeersirup
100 ml Erdbeersirup
100 ml Zitronensaft
1 l Brombeersaft

Die Zutaten in eine große Glasschüssel geben, alles gut verrühren und kalt stellen. Vor dem Servieren einige Eiswürfel und etwas Mineralwasser dazugeben.

TIPP! Verfeinert mit etwas Rum eignet sich diese Bowle auch für Erwachsene!

Pfefferminzbowle

Für 10 Gläser Bowle benötigen Sie:
2 Bund getrocknete Minzeblätter
2 Flaschen alkoholfreier Kindersekt
2 Flaschen Mineralwasser

Die Pfefferminzblätter zerreiben, in einem Gefäß mit dem Sekt übergießen und mindestens 2 Stunden ziehen lassen. Abseihen, wieder kühl stellen und vor dem Servieren mit Mineralwasser auffüllen.

Seeräuberbowle

Für 10 Gläser Bowle benötigen Sie:
2 l Aprikosensaft
2 l Birnensaft
0,5 l Kirschensaft
0,25 l Zitronensaft
2 l Tonicwater

Die Säfte in ein Bowlegefäß geben und kalt stellen. Longdrinkgläser oder für Kinder Saftbecher aus Plastik halb füllen und mit Tonicwater toppen.

TIPP! Ergänzt mit 0,5 l Wodka ist diese Bowle auch für große Piraten geeignet!

Nicht nur Kinder finden an heißen Tagen meine Orangenmilch gut.

Orangenmilch

Zutaten für 10 Becher:
Saft von 8 Orangen und
1 Zitrone
5 EL Puderzucker
2 l Milch

Den gepressten Saft von Orangen und Zitrone mit dem Zucker verrühren. Die Milch abkochen und auskühlen lassen. Unter kräftigem Aufschlagen den Zuckersaft in die kalte Milch rühren. Sofort in ein Glas mit Eiswürfeln gießen und mit einem Strohhalm servieren.

Im Winter toben unsere Dorfbanden mit dem Schlitten oder auf Skiern durch die Gegend. Für diesen Anlass habe ich eine heiße Köstlichkeit gezaubert, die Jungen wie Mädchen wärmt.

Weihnachtstee

Zutaten für 10 Gläser:
300 g Honig
1 l heißer schwarzer Tee
Saft von 2 Zitronen
Saft von 3 Orangen
1 TL Zimtpulver
geschlagene Schlagsahne zum Verzieren

Den Honig im Tee auflösen, die Säfte und den Zimt dazugeben und unter weiterem Rühren bis zum Siedepunkt erhitzen. Den fertigen Tee in Teegläser füllen und mit einer Schlagsahnehaube servieren.

3. Kapitel

FRUCHTWEINE

In diesem Kapitel möchte ich Sie mit der Weinerzeugung bekannt machen. Natürlich brauchen Sie dazu keine riesigen Weingärten und andere, nur für den Winzer relevante Dinge, wie große Fässer zum Lagern, da Sie bestimmt nur für den Hausgebrauch produzieren wollen. Ein trockener und kühler Vorratsraum oder eine dunkle Ecke im Keller genügt, um Ihre Erzeugnisse zu lagern. Wenn Sie sauber und sorgfältig arbeiten, werden Sie ein schmackhaftes Ergebnis erzielen. Bedenken Sie, dass so mancher Sauerampfer durch lange Lagerung zu einem guten Tropfen wird.
Da ich Ihnen schon einen Römertrank vorstellen durfte, präsentiere ich zu Beginn dieses Kapitels einen Wein, den bereits Sokrates getrunken haben soll. Seinen Ursprung hat er jedoch, wie ich herausgefunden habe, bei den Kelten.

Honigwein (Met)

Zutaten:
2 l Honig
8 l Wasser
20 g Hopfen (getrocknet in der Apotheke erhältlich)
2 unbehandelte, in Scheiben geschnittene Zitronen
6 EL Krumpelzucker

Geben Sie alles in einen großen Topf und kochen Sie alle Zutaten zusammen auf. Etwa 20 Minuten leicht wallend kochen lassen, dann in einen Gärballon oder in ein passendes Plastikgefäß umfüllen. Die Öffnung mit einem Leinentuch abdecken und 2 Monate ruhen lassen. Der Wein kann durch Zusatz von 1 Päckchen Trockenhefe leichter zum Gären gebracht werden. Wenn der Wein gegoren ist, in Flaschen abfüllen. Verwenden Sie dazu 1,5-l-Plastikflaschen, die Sie sauber gereinigt haben. Verschließen Sie sie nicht zu fest, um dem fertigen Wein Gelegenheit zum Nachreifen zu geben. Die Flaschen stehend im Regal aufbewahren und warten. Je länger Sie warten, umso dunkler und feiner wird der Wein im Geschmack.

TIPP! Dieser Wein wird mit jedem Tag der Lagerung besser, also sollten Sie davon gleich mehr erzeugen.

Erdbeermilch
(siehe auch Rezept auf Seite 53)

Lavendel
(für Rezept Lavendelsaft, siehe auch Seite 54)

Aprikosensaft
(siehe auch Rezept auf Seite 57)

Obstsaft
(siehe auch Rezept auf Seite 58)

Eierwein
(siehe auch Rezept auf Seite 69)

Sangria
(siehe auch Rezept auf Seite 72)

Holunderwein
(siehe auch Rezept auf Seite 79)

Vogelbeerbrand
(siehe auch Rezept auf Seite 83)

Wenn Sie Kornelkirschen in genügender Menge haben, machen Sie daraus einen Dirndlmost.

Dirndlmost (Kornelkirschenmost)

Geben Sie die Kornelkirschen in einen Dampfentsafter und bereiten Sie einen Saft. Sollten Sie über keinen Dampfentsafter verfügen, bedecken Sie die Früchte in einem großen Topf mit Wasser und kochen beides zirka 2 Stunden, bis die Kirschen weich sind. Die Kerne werden mitgekocht. Nach der Kochzeit durch ein Flanelltuch wringen und nochmals in den gereinigten Topf füllen. Geben Sie je Liter Saft 200 g Zucker dazu und bringen Sie den Saft unter kräftigem Rühren bis zum Siedepunkt. In einen Glasballon oder ein anderes Gärgefäß leeren und mit einem Mulltuch abdecken. Wenn der Saft zu gären beginnt und sich Schaum am Mulltuch bildet, wird der Most in Flaschen gefüllt und luftdicht verschlossen. Dieser Saft hält sich mindestens 1 Jahr.

TIPP!

Vorsicht beim Öffnen der Flaschen, denn darin hat sich nun Kohlensäure gebildet! Langsam öffnen, damit Ihr Trunk nicht überläuft!
Wenn Sie dem Kirschensaft etwas mehr Zucker beimengen und ihn voll ausgären lassen, bekommen Sie einen wunderbaren Dessertwein! Dazu müssen Sie aber nach dem Ausgären in Flaschen abfüllen und den Trub (so bezeichnet man den trüben Satz, der sich beim Gären absetzt) im Gärgefäß nicht aufrühren (dekantieren).

Erzeugen Sie doch einmal einen Dessertwein aus Kirschen. Ich habe nur weiße Herzkirschen im Garten, aber daraus bereite ich einen wunderbaren Trank.

Kirschendessertwein

8 kg süße Kirschen werden zerkleinert, wobei die Kerne nicht beschädigt werden. Mit 1 l Wasser aufkochen und den Saft abpressen. Diese Arbeit wird noch zweimal wiederholt. Den so gewonnenen heißen Saft mischen Sie mit 2 kg Zucker, 1 g Kaliumsulfit und 30 g Milchsäure. Nach dem Erkalten fügen Sie einen Gäransatz (z.B.: Dessertweinflüssighefe oder Trockenhefe) hinzu. Nach Beendigung der Gärzeit (8 bis 12 Wochen) wird, so wie bei allen anderen Weinen, in Flaschen abgefüllt. Der fertige Wein ist unbegrenzt lagerfähig. Sollte Ihnen doch beim Abfiltern Trub in den Wein gekommen sein, kann mit 1 g Gelatine geschönt werden.

Vielleicht verstehen Sie als Hobby-Winzer nicht, was mit dem Begriff „schönen" gemeint ist. Darum möchte ich Ihnen diesen Vorgang etwas näher erklären. Er gilt für alle Weine, nur die Schönungsmittel sind verschieden. Wenn Ihr fertiger Wein trüb ist, waschen Sie den Gärballon sorgfältig aus und leeren Sie den schon in Flaschen abgefüllten Wein ganz vorsichtig wieder in den Ballon zurück. Nun verschönen Sie den Wein mit den im Folgenden angegebenen Mitteln, welche Sie vorsichtig unterrühren, und lassen alles einige Stunden ruhen, damit sich der Wein wieder beruhigt. Dann nochmals in saubere Flaschen füllen, verkorken und liegend lagern.

Apfelwein

15 kg Äpfel werden in einer Presse kalt gepresst und mit Trockenhefegranulat und 4 g Hefenährsalz in einem Bottich oder Ballon vergoren. Mit einem Leinentuch abdecken und den sich durch die Gärung bildenden Schaum abtragen. Das Leinentuch immer sauber halten. Nach der Gärzeit, die verschieden sein kann und vom Raumklima abhängig ist (Sie merken, dass der Wein vergoren ist, wenn kein Schaum mehr hochsteigt), wird der naturtrübe Wein entweder so belassen oder mit 2 g Gelatine geschönt.

TIPP! Dieser Wein wird ohne Zuckerzugabe bereitet und ist ein hervorragender Durstlöscher!

Großmutters Äpplwoi

Zu diesem sehr alten Rezept nehmen Sie bitte eher süße Äpfel. Reiben Sie das Obst auf einer großen Reibe und filtern Sie den Saft in ein Glas- oder Keramikgefäß. 4 bis 5 Äpfel werden im Backrohr mit der Schale gebraten und in das Gefäß gegeben. Der Saft wird darüber geleert und an einem kalten Platz dunkel 4 Wochen zum Ausreifen aufgestellt. Nach dieser Zeit von der Maische abfiltern und auf dunkle Flaschen ziehen. 2 Monate stehend aufbewahren, um dem Wein Zeit zum Fertiggären zu geben. Danach können Sie die Flaschen liegend jahrelang aufbewahren.

TIPP! Wenn Sie zur Gärung Zucker beigeben, wird aus dem Äpplwoi ein wunderbarer Zider!

Ebereschenwein

Für 10 l Wein benötigen Sie:

1 kg Ebereschenbeeren
1 kg Hagebutten
2 kg Zucker
6 g Hefenährsalz
1 Päckchen Weinhefe

Die Früchte werden gereinigt und zerkleinert (am besten mit der groben Scheibe eines Fleischwolfs) und mit 6 l kochendem Wasser übergossen. Nach dem Erkalten gibt man die beiden Gärextrakte und 200 g Zucker dazu. Jetzt sollte der Ansatz in einem warmen Raum 24 Stunden vorgären. Nach dieser Zeit wird fest ausgepresst. Der Presssatz wird nochmals mit 0,5 l kochendem Wasser übergossen. Die so gewonnene Flüssigkeit wird mit dem Saft verrührt. Alles in ein Gärgefäß geben. Der restliche Zucker wird mit 1,2 l Wasser aufgekocht und abgeschäumt. Diese Zuckerlösung wird zur Hälfte gleich, zur anderen Hälfte nach 2 Tagen, in das Gärgefäß gegeben. Nach der meist sehr starken Gärung wird der Wein in Flaschen abgefüllt, luftdicht verschlossen und liegend mindestens noch 1 Jahr gelagert.

Aber nicht nur Weine aus Maischegärung gehören in dieses Kapitel. Was wäre die Sommelierkunst ohne die vielen aufgesetzten Weine? Das sind Getränke, die mit fertigem Wein angesetzt werden und wunderbar schmecken. Bevor ich mich wieder der Weinerzeugung zuwende, hier ein paar dieser feinen Getränke.

Großmutters Eierwein

Rühren Sie 300 g Zucker mit 9 Eigelb und dem Saft 1 Orange sehr schaumig. In der Zwischenzeit kochen Sie 0,75 l Rotwein mit etwas Zimt und Gewürznelken auf. Schlagen Sie das Eiweiß zu einem steifen Schnee. Dieser wird unter die Dottermasse gehoben und sofort mit kochend heißem Wein gemischt. Dieser Eierwein kann sofort heiß genossen oder in Flaschen gefüllt und kalt getrunken werden.

Zitronenwein

0,25 l Weißwein wird mit der Schale 1 Zitrone und 10 EL Zucker angesetzt. Den Ansatz 3 Stunden stehen lassen, abseihen und mit 0,75 l Weißwein mischen.

TIPP! Dieser Ansatzwein schmeckt wunderbar und hält im Kühlschrank gut verschlossen mindestens 2 Wochen!

Birkenmet

Noch ehe der Frost ganz aus der Erde ist, bohrt man an der Sonnenseite einer Birke ein 5 cm tiefes Loch. Stecken Sie nun ein Röhrchen in das entstandene Loch, das über die Rinde hinausragt. Ein Gefäß wird so befestigt, dass der austretende Saft aufgefangen werden kann. Nach 2 Tagen entfernen Sie das Gefäß, in dem sich jetzt mindestens 2 l Birkensaft befinden. Der Saft wird mit 550 g Zucker, Zitronenabrieb, Gewürznelken und 1 Zimtstange aufgekocht, filtriert und abgeschäumt. In Flaschen abfüllen und den Flaschenhals mit Korn oder Obstler auffüllen.

TIPP! Der so zubereitete Wein sollte mindestens 6 Monate ruhen, hält aber jahrelang und wird immer besser, je länger er steht!

Orangenwein

2 l Rotwein werden mit 30 g Zimt, der Schale von 1 und dem Saft von 3 Orangen über Nacht abgedeckt und ruhig stehen gelassen. Am nächsten Tag durch ein feuchtes Leinentuch filtern und nach Geschmack zuckern. Der edle Ansatzwein sollte aber süß sein. Den Wein durch einen Kaffeefilter laufen lassen und in Flaschen abfüllen. Die Flaschen luftdicht verschließen.

Aufgesetzter Apfelwein

6 große Äpfel werden dünnblättrig geschnitten und in eine große Schüssel gelegt. 500 g Zucker darüber streuen und den Geschmack nach Wunsch mit Zimtrinde verbessern. 2 l Rot- oder Weißwein darüber leeren und abgedeckt einige Stunden ziehen lassen. Nach dieser Zeit filtern und in Flaschen abfüllen.

TIPP! Sollte der Geschmack für Sie zu säuerlich sein, können Sie den Wein nach dem Filtern noch mit 0,25 l abgekochtem Wasser aufgießen.

Einen wunderbaren aufgesetzten Rotwein kennen Sie vielleicht von Ihrem letzten Spanienurlaub.

Großmutters Sangria

Zutaten:
3 unbehandelte, in Scheiben geschnittene Orangen
3 in Scheiben geschnittene Pfirsiche
2 in Scheiben geschnittene Birnen
1 Flasche Rum
1 l Rotwein
1 l klare Zitronenlimonade

Alle Zutaten in eine Bowleschüssel geben und mindestens 1 Stunde kalt stellen.

TIPP! Dieser Sangria eignet sich hervorragend für Sommerfeste!

Sangria

Zutaten:
3 unbehandelte, in Scheiben geschnittene Orangen
2 unbehandelte, in Scheiben geschnittene Zitronen
1 geschälter und in dünne Scheiben geschnittener Apfel
4 enthäutete und gewürfelte Pfirsiche
60 g Zucker
0,25 l frisch gepresster Orangensaft
Saft von 1 Zitrone
2 Zimtstangen
4 cl Orangenlikör
6 cl Weinbrand
4 l Rotwein

Die Orangen- und Zitronenscheiben vierteln und zusammen mit dem Apfel und den Pfirsichen in eine Plastikschüssel geben. Mit den anderen Zutaten vorsichtig mischen und 4 Stunden abgedeckt an einen kühlen Ort stellen. Nach dieser Zeit abseihen und in Flaschen abfüllen.

TIPP! Dieser Sangria hält ungeöffnet mindestens 1 Jahr! Sie können ihn auch mit Früchten in eine Bowleschüssel geben und sofort servieren!

Liebe Hobby-Winzer, jetzt stelle ich Ihnen einen Gesundheitstrank vor, der Magen- und Darmbeschwerden vertreibt und nur löffelweise genossen wird.

Angelikawein

Zutaten:
120 g Angelikawurzel aus der Apotheke
2 l Weißwein
4 g Anis

Die Angelikawurzel wird in kleine Stücke geschnitten und mit dem Weißwein 2 Tage angesetzt. Dann gibt man das Anisgewürz dazu und lässt für weitere 3 Tage ziehen. Jetzt durch einen Kaffeefilter seihen und in Flaschen füllen. Dieser reine Gesundheitswein hält luftdicht verschlossen, kühl und dunkel gelagert, Jahre.

Bärlauchwein

Zutaten:
1 Hand voll Bärlauchblätter
0,5 l Weißwein
Honig nach Geschmack

Schneiden Sie die Bärlauchblätter sehr klein und verkochen Sie diese kurz mit dem Wein, süßen Sie den Wein mit etwas Honig und füllen Sie nach dem Filtern in kleine Flaschen ab.

TIPP! Diesen Wein sollten vor allem Senioren genießen!

Hagebuttenwein (Hetscherlwein)

Zutaten:
2 kg reife Hagebutten
2 kg Zucker
4 l Wasser

Die von Stielen und Blüten befreiten Hagebutten in ein großes Glas geben. Der Zucker wird mit der Wassermenge aufgekocht und kalt über die Hagebutten gegossen. Nun wird das Glas einen ganzen Sommer lang an ein Fenster gestellt. Der Wein muss eine goldene Farbe bekommen und die Hagebutten müssen den Boden bedecken, also abgesunken sein. Erst dann beginnen Sie, den Wein zu filtern und in Flaschen zu füllen. Die luftdicht verschlossenen Flaschen müssen einige Wochen ruhen, bevor Sie verkosten.

TIPP! Die Hagebutte, im lateinischen auch Rosa Canina, also Hundsrose genannt, hat mehr Vitamin-C-Gehalt als Zitrusfrüchte!

Aufgesetzter Hagebuttenwein

2 kg Hagebutten werden von Blüten und Stängeln befreit und mit den Kernen in einen großen Glasballon gelegt. Die Hagebutten werden mit 4 l Wein (Rot- oder Weißwein) und 3 kg Zucker übergossen und luftdicht verschlossen. Nach 3 Wochen, in denen Sie immer wieder aufschütteln und abseihen, können Sie den Wein, der jetzt Kohlensäure enthält, in Flaschen abfüllen. Am besten eignen sich Plastikflaschen mit Schraubverschluss. Stehend lagern!

TIPP! Dieser sektartige Wein schmeckt sicher auch Ihnen vortrefflich! Servieren Sie diesen Wein zu Wild- oder Rindfleischgerichten, denn dazu eignet sich dieses Getränk hervorragend!

Aus einem Kochbuch aus längst vergangener Zeit ist folgendes Rezept:

Rettigwein

„Die Rettig musst fein putzen und reissen. Auf 160 g thust zwo Liter mit Honig vermischten minderen Wein. Nun lasst das Gemeng gut verschlossen für einen halben Mond lang stehn und seihst erst dann gut durch. Nach einem Gansbratl wirst mit dem Wein Lob von deiner Herrin bekommen."

TIPP! Unter Rettig verstehen wir heute Rettich oder Radi, wie er volkstümlich auch genannt wird. Er stärkt den Magen nach zu üppigem Essen!

Auch zu den Beerenweinen kann man Lehrreiches nachlesen.

Himbeerwein

„2 Kilo Himbeeren musst mit 4 Liter Wasser und der Schale einer Citron mengen. Wennst hast, kannst auch noch Zimmetstangen dazu thun. Jetzt musst einen Tag lang warten und dann seichen. Itzo kochst 2 Liter Wasser mit einem Hutzucker auf und mengst alles miteinander. Alles in eine Bluzer [Gefäß] geben, verdecken und gären lassen. Die Reifung dauert an die 3 bis 4 Monde. Mit ein Weinheber lässt in Buddeln ab. Den fertigen Wein thust noch an die 3 Monde im Keller ablegen."

Beerenansatzwein

Zutaten:
1 kg Himbeeren
1 kg Brombeeren
500 g Johannisbeeren
500 g Erdbeeren
2 kg Zucker
2 l Weißwein

Die Beeren verlesen, waschen und gut abtropfen lassen. Jede Lage Obst mit einer Lage Zucker in eine Plastik- oder eine große Glasschüssel geben. Abgedeckt 2 Tage stehen lassen. Dabei öfter aufrühren. Der Zucker muss ganz aufgelöst sein. Nach 2 bis 3 Tagen die Früchte durch ein feuchtes Leinentuch seihen und mit dem Weißwein mischen. Dieser Wein ist ungeöffnet mindestens 1 Jahr haltbar. Eine geöffnete Flasche sollte aber nicht länger als 1 Woche im Kühlschrank aufbewahrt werden.

TIPP! Wenn Sie diesen Wein mit Sekt verfeinern, haben Sie einen guten Longdrink!

Ich habe im Garten sehr viele Weiße Johannisbeeren, und dieses Jahr habe ich zum ersten Mal versucht, davon Wein zu erzeugen, was mir auf Anhieb gelungen ist.

Johannisbeerwein

Zutaten:
0,5 l Johannisbeersaft
1,5 l Wasser
1 kg Zucker

Kochen Sie Zucker, Wasser und Saft kurz auf und füllen Sie den Saft in Flaschen. Mit Gaze abbinden und in die Sonne stellen. Nun sollte der Saft mindestens 3 Monate gären. Dann alles zusammen in eine Plastikschüssel seihen. Nochmals durch einen Kaffeefilter laufen lassen und zurück in die gereinigten Flaschen füllen. Gut verkorken und im Keller lagern.

Nun wieder einige Rezepte, die mit Maischegärung funktionieren.

Birnenwein

Verwenden Sie mehlige Birnen, da diese ein feineres Aroma haben. Die Saftausbeute ist zwar geringer, aber der gute Geschmack wird Ihre Mehrarbeit lohnen. 15 kg Birnen werden geraspelt und sofort ausgepresst. Nehmen Sie zum Gäransatz Trockenhefegranulat und 4 g Hefenährsalz. Nun ein Gärrohr einsetzen oder, wie schon beschrieben, den Wein mit einem Leinentuch abdecken und kühl stellen. Diesen Ansatz sollten Sie einmal wöchentlich aufschütteln, um ein Anlegen des Trubs zu verhindern. Wenn der Wein ausgegoren ist und das Mulltuch sauber bleibt, in Flaschen füllen. Eventuell mit 10 ml 15%igem Kieselöl schönen.

Wenn Sie auf Ihren Wanderungen Holunder ernten können, bereiten Sie doch einmal einen schmackhaften Holundermost.

Holundermost

Die Holunderbeeren werden mit den Stielen geerntet, sehr gut gewaschen und entsaftet. Am besten geschieht dies im Dampfentsafter. Streuen Sie auf je 1 kg Beeren 2 EL Zucker in den Korb des Entsafters. Den heißen Saft randvoll in saubere Flaschen abfüllen und sofort verschließen.

TIPP! Die Gärung zum Most setzt erst nach dem Abfüllen ein! Öffnen Sie die Flaschen bitte vorsichtig! Dieser Süßmost wird als Erfrischungsgetränk kalt oder als Genesungstrunk heiß serviert!

Als sich mein Mann beim Kirschenpflücken das Fersenbein brach, stellte ich unseren Haushalt auf Diät um. Demzufolge gab es viel Obst und rohes Gemüse. Die Zeit, die ich mir dadurch ersparte, verwendete ich zum Ausprobieren verschiedener Rezepte. So entstand mein Dosenwein.

Dosenwein

Viele Früchte in Dosen, zum Beispiel Ananas oder Aprikosen, eignen sich auch zur Weinherstellung. Bereiten Sie eine Maische mit Früchten Ihrer Wahl aus 2 großen Dosen. Diese Maische übergießen Sie mit einer heißen Lösung aus 2,5 l Wasser und 1 kg Zucker. Schwefeln Sie mit 0,5 g Kaliumsulfit und säuern Sie mit 15 g 80%iger Milchsäure an. Nach dem Abkühlen gibt man Dessertweinflüssighefe dazu. Nach 2 Wochen pressen Sie von der Maische ab, reinigen den Gärbehälter und geben die klare Flüssigkeit wieder zurück. Nun mit einem Tuch die Öffnung abdecken und nochmals 4 bis 5 Wochen gären lassen. Den fertigen Wein vorsichtig abfüllen, ohne den Trub aufzurühren.

TIPP! Dieser sehr geschmacksintensive Wein wird so wie Sherry aus kleinen langstieligen Gläsern getrunken!

Hagebuttenwein

Dazu benötigen Sie völlig ausgereifte Hagebutten, denn nur so erzielen Sie den einzigartigen Geschmack. Die gereinigten Hagebutten geben Sie in einen Gärbehälter. Übergießen Sie die Früchte mit einer Mischung aus 1 kg Zucker und 2,5 l Wasser. Nach 12 Wochen Gärzeit sollten Sie nachschauen, ob der Gärprozess schon beendet ist. Der Wein sollte nach der Gärphase noch 2 Wochen im Gärbehälter bleiben. Nach dieser Zeit wird der Wein abgefüllt. Achten Sie immer darauf, dass der Trub nicht in die Flasche gelangt, damit Sie nicht nochmals filtern müssen.

TIPP! Bezähmen Sie Ihre Ungeduld, denn sein volles Aroma entwickelt dieser Wein erst nach einer Lagerung von 3 Jahren!

Großmutters Holunderwein

Zutaten:
4 l gerebelte Holunderbeeren
3 kg Zucker
40 g Hefe
8 l Wasser
1 großer Gärballon

Kochen Sie die Holunderbeeren mit dem Zucker im Wasser kurz auf. Nach dem Erkalten in den Gärballon füllen und die Hefe dazukrümeln. Mit einem sauberen Leinentuch abdecken und gären lassen. Nach 4 bis 5 Wochen sinken die Beeren nach unten und der Gärvorgang ist somit beendet. Jetzt die Flüssigkeit mit einem Schlauch von der Maische abziehen und durch ein feuchtes Leinentuch filtrieren. Den Wein in saubere Flaschen abfüllen.

TIPP! Wenn Sie der Maische mehr Zucker zugeben, erhalten Sie einen einzigartigen Dessertwein.

Zur Vorbereitung des nächsten Weines benötigen Sie nur eine üppig blühende Frühlingswiese und ein großes Gefäß.

Löwenzahnwein

Nehmen Sie 2 l Löwenzahnblüten, die Sie mit 3 l Wasser und 300 g Rosinen, 1 in Scheiben geschnittenen Zitrone und 1,5 kg Zucker, der Schale von 2 Orangen und 20 g Hefe in ein großes Gefäß geben. Nach 1 Woche an einem kalten Platz und täglichem Aufschütteln wird abgefiltert. Der abgefilterte Wein wird jetzt in einem großen Gefäß zur Gärung gebracht. Nach dem Ende der Gärung den Wein filtern und in Flaschen abfüllen.

TIPP! Bitte achten Sie darauf, dass beim Filtern kein Trub in die Flaschen gelangt. Lieber den letzten Rest Wein ausleeren, denn im Trub setzen sich Bitterstoffe ab.

Als letztes Kapitel habe ich noch die Herstellung von Edelbränden gewählt. Allerdings ist für das Umsetzen meiner Rezepte
a) eine kleine Brennerei und
b) Grundwissen über das Schnapsbrennen erforderlich.

4. Kapitel

Brände

Einleitung zum Brennen

Liebe Leserinnen und Leser!

Zum Abschluss möchte ich Ihnen noch beschreiben, wie es Ihnen gelingt, Ihre Weine in Edelbrände umzusetzen. Immer unter der Voraussetzung, Sie haben eine „kleine Brennerei" zu Hause, können Sie von Ihren fertigen Obstweinen oder mit Maische einen Brand erzeugen.
Dazu einige Anmerkungen, die Sie unbedingt wissen sollten.
Sie benötigen sehr viel Obst, um ein gutes Destillat zu erzeugen. Da reiner Brand durch Verdampfung entsteht, rechnen Sie beispielweise 100 kg Himbeeren für ein Fertigprodukt von 3 bis 4 l reinen Himbeergeist, bereits herabgesetzt auf 50 Vol.-%.
Das Herabsetzen der Vol.-% geschieht durch destilliertes Wasser, welches dem reinen Brand untergemischt wird. Wenn Sie bereits fertigen Wein brennen, ist das Endresultat ergiebiger. Aus 10 l fertigem Himbeerwein erzielen Sie bei richtiger Verdampfung ein Fertigprodukt von zirka 2 l Brand. In Summe gerechnet ist es für Sie als Hobby-Erzeuger also günstiger, aus fertigem Wein Edelbrand zu erzeugen.
Ich möchte darauf hinweisen, dass in Deutschland und Österreich sehr strenge Hausbrandbestimmungen bestehen und dass bestimmte Mengen für den Eigenbedarf bei den zuständigen Behörden gemeldet werden müssen.
Nun möchte ich Ihnen gerne die Verarbeitung von verschiedenen Früchten zu Brand erklären.

Kirsche & Co

Alle relevanten Früchte – Kirsche, Aprikose, Birne, Zwetschge usw. – werden im voll- bis überreifen Zustand geerntet. Dann kommen sie in eine Entsteinmaschine oder sie werden von Hand entkernt. Die Gärung der Maische sollte bei 15 bis 20 °C erfolgen. Die Standzeit der Maische ist individuell und sollte mindestens 5 Wochen bis einige Monate betragen. Beim Brennen von Birnen sollten Sie sehr früh auf Nachlauf umschalten. Aprikosenbrand können Sie weiter herunterbrennen, da sich noch wertvolle Inhaltsstoffe knapp vor dem Nachlauf befinden. Ebenso bei Kirsche und Zwetschge. Das Aroma hält ca. 2 bis 4 Jahre, also sollte der Brand in dieser Zeit getrunken werden.

Himbeerbrand

Die Früchte sollten im vollreifen Zustand gepresst und bei 20 °C gegärt werden. Die Standzeit der Maische beträgt einige Wochen. Der Nachlauf sollte sehr früh beginnen. Der volle Geschmack entwickelt sich aber erst nach einer Lagerung von 2 Jahren.

Vogelbeerbrand

Dazu müssen die Früchte vollreif, aber noch nicht abgefrostet sein. Die Beeren werden abgerebelt und zerkleinert. Die Gärung erfolgt bei 25 °C und sollte eher zügig erfolgen. Auch diese Maische muss einige Wochen stehen und früh auf Nachlauf umgeschaltet werden, obwohl die Ausbeute eher gering ist. Das Bittermandelaroma setzt sich bei längerer Lagerung immer mehr durch und gibt dem Brand seinen charakteristischen Geschmack.

Weinbrand

Wein mit wenig Zuckergehalt verwenden. Die Gärung erfolgt ohne Schwefelzusatz bei 15 °C, jedoch sollte das Produkt einige Monate auf der Hefe liegen. Gebrannt wird mit der Hefe weit hinunter. Gelagert sollte in alten Eichenfässern werden, um den typischen Weinbrandgeschmack zu erzielen.

TIPP! Zur Lagerung kann ich nur sagen: Je länger, desto besser!

Traubenbrand

Die Trauben dürfen nicht überreif sein und müssen maschinell oder von Hand gerebelt werden. Die Gärung erfolgt bei 20 °C. Sie muss immer kontrolliert werden. Die Maische sollte nicht länger als 4 bis 5 Wochen stehen. Beim Brennen haben Sie eine hohe Ausbeute, daher können Sie weit hinunterbrennen. Der Geschmack ist fruchtig, daher benötigen Sie keine lange Lagerung.

TIPP! Wenn Sie nun davon ausgehen, Ihr Brand müsste wie gekaufter schmecken, muss ich Sie enttäuschen! In der heutigen Branderzeugung gibt es chemische Zusätze wie Aufheller oder Geschmacksverstärker, die das Aroma manipulieren. Erwarten Sie kein gleichwertiges Ergebnis, sondern ein besseres!

Nun ein paar Worte zur Lagerung:

Je länger Sie Ihre Destillate lagern, umso mehr Fuselöl setzt sich ab und umso geschmackvoller wird Ihr Endprodukt. Dabei ist zu beachten, Früchte mit feinem Eigenaroma wie z.B. Aprikose, Pfirsich und Himbeere brauchen 3 bis 5 Jahre, um richtig auszureifen. Trotzdem kann es vorkommen, dass der Brand überschlägt. Kränken Sie sich nicht und benützen Sie den Brand als Essigverschnitt oder zum Flambieren.
Es gibt keine eigenen Rezepte zur Erzeugung von Bränden, nur Zusätze, die man der Maische beifügt und die als Geschmacksneutralisierer gelten. Wenn Sie zum Beispiel einer Apfelmaische etwas Zucker, Zimtrinde und Gewürznelken beigeben, erhalten Sie den typischen Geschmack von Calvados. Die Maische muss während der Lagerung vorsichtig umgerührt werden, um die fruchtspaltenden Enzyme richtig zu verteilen. Der Zusatz von Gärhefe ist gestattet, sollte aber nur in geringen Mengen erfolgen, damit der fertige Brand nicht nach Hefe schmeckt.
Um Ihre Maische Bakterien hemmend zu halten und länger lagerfähig zu machen, müssen Sie einen niederen pH-Wert erzielen. Dieser pH-Wert sollte zwischen 2,8 und 3 liegen. Bei säurearmen Maischen brauchen Sie einen Säurezusatz. Dazu eignet sich die billigste Form, Schwefelsäure. Aber auch eine Kombination von Phosphor und Milchsäure ist zu empfehlen.
Zum Süßen Ihrer Brände verwenden Sie am besten Dextrose, Fructose, flüssigen Zucker oder Honig. Nicht jedem Brand ist ein hoher Alkoholgehalt zuträglich, und so sollte jeder das für seinen Brand zuträgliche Maß an Volumenprozenten selbst bestimmen.

Was die Schärfe Ihrer Erzeugnisse betrifft, so möchte ich Sie darauf aufmerksam machen, dass es verboten ist, durch Pfeffer oder Ähnliches scharfe Brände zu erzeugen.
Bitte bedenken Sie auch, dass der Geruch einer Brennerei störend sein kann und Nachbarn, die Ihnen sonst gut gesonnen sind, gegen Sie einnehmen kann. Verwenden Sie nur ganz sauberes Obst zum Einmaischen oder gerebelte Beeren. Dieses Obst sollte von Hand verlesen sein und keine Unreinheiten haben. Aprikosen, Pfirsiche oder Zwetschgen müssen entsteint werden, ehe sie klein geschnitten eingemaischt werden können. 30 % der unbeschädigten Kerne werden dann der Maische wieder zugesetzt.
Bitte erkundigen sie sich bei Ihrem zuständigen Gesundheitsamt, welche Art von Brennkesseln verwendet werden darf und welches Reinheitsgebot beachtet werden muss.
Ein Destillationsverfahren gliedert sich in den Vor-, Haupt- und Nachlauf. Normalerweise wird nur der Hauptlauf verwendet, dann entsteht auch für Anfänger ein gutes Resultat. Eigene Rezepturen zur Erzeugung von Bränden kann ich Ihnen nicht bieten. Diese Rezepturen hängen von der Obstsorte, dem Anbaugebiet, der Sortenreinheit und dem Gelingen der Maische ab.
Es besteht zum Beispiel ein Qualitätsunterschied, ob Sie Ihren Brand aus einer Maische aus Williams- oder Mostbirnen ansetzen. Auch das Mischen verschiedener Obstsorten ergibt ein anderes Endprodukt.
Ich hoffe, ich konnte Sie zum Thema Brände einführend beraten und Ihnen die guten und weniger guten Eigenschaften einer Hausbrennerei näher bringen.
Denken Sie bitte immer daran, dass es sich bei Brand immer nur um abgekühlte Dämpfe einer Destillation handelt, und verwenden Sie eine entsprechend große Menge Obst oder fertigen Wein. Nehmen Sie sich die notwendige Zeit und Sorgfalt. Vergessen Sie nicht Ihr Gerät nach jeder Vergärung sauber zu reinigen und sorgfältig zu trocknen, damit sich keine Schimmelpilze bilden können.
Vergessen Sie nicht, Ihr Thermometer am Kessel genau zu beobachten, damit nichts explodiert. Suchen Sie bei Ihren ersten Versuchen den Rat eines Brennmeisters zu nutzen. Dieser ist befugt, Sie über die Entstehung von Fuselölen, giftigen Dämpfen usw. aufzuklären.
Zum Schluss möchte ich Ihnen noch ein paar weitere Rezepte vorstellen. Für

diese Brände benötigen Sie keine Maische als Ansatz, sondern fertigen Weingeist (96 Vol.-%) oder Ansatzkorn (80 Vol.-%). Diese Ansatzbrände sind vollmundiger im Geschmack und der Brand ist ergiebiger, da der Hauptlauf länger verwendbar ist.
Obstgeiste haben den Vorteil, dass das Fruchtaroma besonders gut zur Geltung kommt und meist ein einmaliger Brennvorgang genügt, um ein hochwertiges Produkt zu erzielen. Die Herstellung ist ganz einfach. Erst wird ein Ansatz aus sehr stark zerkleinerten Früchten und hochprozentigem Alkohol hergestellt. Der Ansatz wird dann mit Wasser vermischt und gebrannt.[1]

[1] Dieser Abschnitt erhebt keinen Anspruch auf Vollständigkeit! Der Verlag und die Verfasserin sind daher nicht rechtlich haftbar zu machen!

Himbeergeist

Nicht nur frische, auch gefrorene Himbeeren eignen sich zur Zubereitung dieses Geistes. Frische Himbeeren müssen verlesen und von allen Unreinheiten sowie von Stängeln und Blättern befreit werden. Die gesäuberten Früchte zerdrücken und mit Weingeist (96 Vol.-%) im Verhältnis 2:1 (Beeren:Alkohol) übergießen. Diesen Ansatz gut umrühren, luftdicht verschließen und einige Tage ruhen lassen. Der Alkohol sollte das Aroma der Beeren gut aufnehmen können. Verdünnen Sie nun die Alkohol-Beeren-Maische mit Wasser. Auf 2 kg Maische kommt 1 l Wasser. Diese Mischung wird in einem Arbeitsvorgang gebrannt und schonend destilliert. Bei dieser Art des Brennens wird kein Vorlauf abgetrennt und bei einem Alkoholgehalt von 45 Vol.-% auf Nachlauf geschaltet. Die Nachlaufmenge bei dieser Art des Brennens ist erheblich geringer als bei vergorener Maische.

Brombeergeist

Für diesen Brand sollten Sie ebenfalls nur sehr reife Früchte verwenden. Auch tiefgekühlte Brombeeren sind geeignet. Frische Brombeeren müssen sorgfältig gereinigt werden. Das Mischverhältnis ist 1,3 l Beeren zu 1 l Weingeist (96 Vol.-%). Der weitere Arbeitsvorgang, von der Maische bis zum Brand, ist derselbe wie oben beschrieben.
Alle Geiste werden wie Obstbrände destilliert. Die Maische darf jedoch nicht angegoren sein, da das Brennen von vergorenen Maischen mit Alkohol versetzt nicht erlaubt ist!

Quittengeist

Den besten Quittengeist erhalten Sie aus gut gereiften Früchten. Wenn Sie die Quitten von Blättern, Stängeln und weiteren Fremdkörpern gereinigt haben, müssen Sie durch Rubbeln den Flaum von der Haut entfernen. Die so vorbereiteten Früchte werden nun zerkleinert, jedoch dürfen die Kerne nicht beschädigt werden. Für 10 kg Früchte nehmen Sie 5 l Weingeist (96 Vol.-%) zum Übergießen. Dieser Ansatz sollte nun 1 Woche ziehen, ehe Sie verdünnen und brennen.

Schlehengeist

Für den Schlehengeist nehmen Sie nur voll ausgereifte Früchte, die schon abgefrostet sind. Sie können Ihre Früchte aber auch in der Tiefkühltruhe selbst abfrosten. Durch den Frost springen die Früchte auf. Danach werden sie zerkleinert. Bitte die Kerne dabei nicht beschädigen! Alles mit Weingeist (96 Vol.-%) im Verhältnis 2:1 übergießen. Nach einer Ruhezeit von 4 Wochen wird die Maische gebrannt. Der Arbeitsvorgang ist wie beim Himbeergeist.

Johannisbeergeist

Dieser Geist wird nur aus schwarzen Beeren zubereitet, da diese geschmacksintensiver sind. Entfernen Sie sorgfältig alle angefaulten Beeren sowie die Blätter und Stiele. Zerdrücken Sie die Beeren und setzen Sie eine Maische im Verhältnis von 2 kg Fruchtbrei und 4 l Weingeist (96 Vol.-%) an. Dieser Fruchtansatz sollte 1 Woche ziehen, bevor er weiterverarbeitet wird. Verarbeitung wie Himbeergeist.

Bitte beachten Sie bei allen Ansätzen, die Ansatzgefäße während der Lagerung von Zeit zu Zeit gut durchzuschütteln!

Vogelbeergeist

Die Vogelbeeren werden nach den ersten Frostnächten geerntet und wie alle anderen Beeren sorgfältig gereinigt. Die Vogelbeeren werden nun zerquetscht. Achten Sie darauf, dass die Kerne nicht beschädigt werden. Nehmen Sie für 2 kg Fruchtmus 3 l Weingeist (96 Vol.-%). Dieser Ansatz muss nun 10 Tage ruhen, bevor er weiterverarbeitet wird. Die weitere Arbeitsweise ist dieselbe wie beim Himbeergeist.

Aprikosengeist (Marillengeist)

Die vollreifen Aprikosen werden sorgfältig abgewischt, die Stiele entfernt und vom Kern befreit. Die Früchte werden zerdrückt und mit einem Drittel der Kerne in ein Ansatzglas gegeben. Für 1 kg Fruchtmus geben Sie 2 l Weingeist (96 Vol.-%) zu dem Ansatz. Dieser muss mindestens 2 bis 3 Wochen ziehen, bevor Sie ihn wie beim Himbeergeist weiterverarbeiten. Je süßer und vollreifer die Apikosen sind, umso besser wird Ihr Geist gelingen.
Die Verschneidung mit Wasser ist notwendig, um den Alkoholgehalt auf Trinkqualität herabzusetzen. Bitte verwenden Sie dazu nur weiches, destilliertes Wasser.

Wacholdergeist

1 kg zerdrückte Wacholderbeeren werden mit einem Gemisch aus 2 l Wasser und 1 l Weingeist (96 Vol.-%) übergossen. Dieser Ansatz muss unter oftmaligem Aufschütteln 10 Tage verschlossen und kühl aufbewahrt werden. Nach dieser Zeit wird gebrannt und sofort in Flaschen abgefüllt. Dieser Geist sollte mindestens 3 Wochen ruhen. Dann hat er den Geschmack von gutem Steinhäger.

Pflümliwasser

Wegen des geringen Zuckergehalts ist die Herstellung von Slibowitz sehr kostenintensiv und aufwändig. Daher ist es für Sie besser, Pflaumengeist zu produzieren. Nehmen Sie für 2 kg vollreife Zwetschgen 1 l Weingeist (96 Vol.-%). Sollten Sie ein intensives Bittermandelaroma bevorzugen, geben Sie 5 ganze Kerne zum Ansatz. Nach einer Zeit von 2 bis 3 Wochen können Sie brennen, wobei der Arbeitsvorgang dem der schon beschriebenen Rezepte gleicht.

Honiggeist

Bitte verwenden Sie für diesen Geist nur reinen Imkerhonig, denn Ihr Endprodukt ist von der Qualität des Honigs abhängig. Rühren Sie 3 l sortenreinen Honig mit 2 l Weingeist (96 Vol.-%) ab. Der Honig darf nicht kristallisieren, sondern sollte frisch und dünnflüssig sein. An einem warmen Ort so lange stehen lassen und täglich umrühren, bis sich die Masse verbunden hat. Nun wird nach der schon vorgegebenen Arbeitsweise gebrannt. Verdünnen Sie den fertigen Brand mit destilliertem, lauwarmem Wasser und füllen Sie dann sofort in Flaschen ab. Je länger Ihr Geist gelagert wird, desto intensiver wird sein Geschmack.

Zum Ausklang

Liebe Leserinnen und Leser!

Vielleicht konnte ich Ihnen einige Anregungen für ein neues Hobby geben. Aus Erfahrung weiß ich, wie viel Spaß es macht, liebe Freunde und Gäste mit selbst gemachten Likören, Weinen, Säften und Bränden zu verwöhnen. Alle in diesem Buch verwendeten Ansatzmittel erhalten Sie in Drogerien, Apotheken und Reformhäusern. Einen Gärspund können Sie in einem Haushaltswarenladen kaufen. Zum Abschluss nun noch ein kleiner Tipp. Meine großen Glasballons und Gärgefäße habe ich auf Flohmärkten erstanden. Nach einer gründlichen Reinigung und Desinfektion mit einem handelsüblichen Mittel verwende ich die günstig ergatterten Geräte zur Saft-, Wein- und Likörerzeugung. Ich hoffe, ich konnte Ihnen mit meinem Buch einige Anregungen zur Herstellung von Likören, Säften, Weinen und Bränden geben.

Herzlichst
Gertrude Kreipel

Rezepte in alphabetischer Reihenfolge